AF611730

AUGUSTE MAMELIN.

LE SIÉGE DE PARIS

1870-1871

JOURNAL D'UN ASSIÉGÉ

BASÉ

Sur les Documents Officiels.

Boulogne. — Imp. H. Delahodde.

1872.

JOURNAL D'UN ASSIÉGÉ.

—

Paris depuis l'investissement 1870-1871

Par Auguste MAMELIN.

—

A mes lecteurs d'hier, d'aujourd'hui et de demain.

—

L'inflexible fatalité des évènements a pu nous séparer pendant près de cinq douloureux mois, chers lecteurs, mais malgré cet emprisonnement dû à l'ineptie et à la discorde, ma pensée s'est souvent portée avec amour vers vous et cette bonne ville de Boulogne où j'ai passé les plus belles années de la vie : c'est pourquoi j'ai teuu à honneur et à passion de me dédommager en rédigeant pour vous au jour le jour et au courant des impressions, le mémorial des souffrances, des combats et des incidents qui se sont déroulés pendant le siége à l'intérieur et autour de notre capitale. Vivant au centre de ce grand drame, l'idée m'est quelquefois venue de confier à l'air l'histoire des actions héroïques qui se sont accomplies à l'ombre des murailles de la grande cité, mais, je l'avoue, les ballons ne m'ont jamais paru un moyen bien efficace pour transmettre les sinistres échos de nos luttes et de nos privations et j'ai préféré attendre de meilleurs jours. Du reste, je me suis facilement consolé de l'impossibilité cruelle où je me suis trouvé d'envoyer à de braves concitoyens la narration fidèle de nos malheurs, car je n'ignorais pas que les feuilles anglaises vous tinssent suffisamment au courant de notre constance et de notre patriotisme. Il est vrai de dire que sans doute une foule de détails ont dû échapper à nos voisins d'outre-manche : mais alors c'était pour moi une raison de plus d'entreprendre avec ardeur le travail que je suis heureux de vous soumettre aujourd'hui.

Il est doux, croyez-le, lecteurs, d'avoir la jouissance de retremper ainsi son âme dans des sympathies qu'on aurait pu supposer anéanties avec l'invasion, si nous n'avions pas été tous réconfortés par une solide et perpétuelle espérance de résurrection. Les circonstances nous ont donné raison et la foi quï avait pris naissance dans nos cœurs n'a donc pas été un vain mot puisqu'il nous est permis enfin, à cette heure, d'adresser ici à chacun des êtres qui nous sont chers, à ceux-ci un baiser, à ceux-là un sincère témoignage de notre estime, heureux encore hélas ! si le Temps condamnant l'œuvre de mort réclamée par la Prusse ambitieuse, a su respecter les rangs amis que nous avons là-bas !.

La relation que nous publions ici comprend toute la période de l'investissement, c'est-à-dire Paris depuis le 18 septembre 1870, Paris depuis l'époque ou les journaux, les chemins de fer, les télégraphes et les postes ont cessé d'exister, jusqu'au jour où Paris à bout de ressources, mais ivre de courage, a dû transiger avec un ennemi implacable. Dans ces pages qui ont été écrites pour ainsi dire aux bruits du canon et des éclats de bombes, nous nous sommes abstenu à dessein de tout aperçu philosophique, persuadé que les historiens de l'avenir se chargeraient de ce soin après de plus mûres réflexions. C'est donc, lecteurs, une simple biographie des faits que nous avons eu l'intention de mettre sous vos yeux et rien de plus ; s'il nous est échappé parfois quelque courte appréciation, — anticipée, il est vrai, pardonnez-nous à l'avance, lecteurs, car c'était probablement pour nous délasser de la monotonie des pièces officielles. Et maintenant, à l'œuvre, c'est la patrie qui est en jeu !...

Bien qu'il soit probable que mon très cher rédacteur en chef vous donne ici un plan très complet de Paris et de ses environs pendant le siége (1) il est utile que nous énumérions dès le but, pour l'intelligence du récit, les moyens de défense qui ont contribué à rendre la capitale imprenable par la lutte et les assauts. Ces détails seront d'autant plus dignes d'intérêt que plus d'une opération militaire s'est rattachée aux points stratégiques dont nous allons parler.

Les fortifications de Paris se composent d'une enceinte continue de 36 kilomètres. Une ceinture de forts complète ce système formidable de défense :

Au Nord.—La couronne de la *Briche*, la double couronne du *Nord*, la lunette de *Stains*, le fort de l'*Est* protégeant la ville de St-Denis.

Au Nord Est — Le fort d'*Aubervilliers*, puis au sud, le fort de *Romainville*, de *Noisy-le-Sec*, de *Rosny-sur-Bois*, de *Nogent-sur-Marne*, ensuite les redoutes de *Montreuil*, de *Boissières*, de *Fontenay sur-Bois*, de la *Faisanderie*, cette dernière allant jusqu'au fort de

---

(1) La Colonne a déjà publié le plan de Paris et de ses environs au commencement de son investissement.

Gravelle qui couvre la citadelle de Vincennes. Et enfin, le fort de *Charenton*.

En traversant la Seine, nous trouvons des positions inexpugnables :

Au Sud. — Le fort d'*Ivry*, de *Bicêtre*, *Montrouge*, *Vanves*, *Issy*, les *Moulineaux*, *Fontenay aux Roses* et la redoute de Montretout qui n'a pu être achevé avant le blocus de Paris Cette position qui domine les hauteurs de St-Cloud, est restée fatalement au pouvoir de l'ennemi. Elle fut le théâtre, à la date du 19 janvier, d'une sanglante action qui fut l'épilogue du grand drame qui s'est joué sous nos murs, mais n'anticipons pas :

A l'Ouest — Le *Mont Valérien*, grande et formidable citadellle dominant toute la rive gauche de la Seine, pouvant croiser ses feux avec St Denis et garantissant ainsi toute attaque du côté *nord-ouest*. Ajoutez enfin à ces forts et à ces redoutes, trois presqu'îles où l'ennemi pouvait s'égarer comme dans une souricière, et vous aurez toute la physionomie de nos travaux de défense.

Il nous est maintenant permis de penser, lecteurs, qu'avec l'aide de ces quelques renseignements et d'une carte reproduisant les forts mentionnés, vous pouvez suivre, sans fatigue, les péripéties du siège de Paris. Nous nous ferons, du reste, un plaisir de ne pas être parcimonieux en fait d'éclaircissements étant convaincu que l'obscurité conduit souvent à l'erreur, et qu'abondance de netteté ne nuit jamais.

Dès le 15 septembre, les Prussiens occupent déjà quelques communes des environs de Paris qui ne se trouve complètement investi que le 18. 10,000 ennemis se dirigent sur Joinville-le-Pont. La troupe se concentre alors aussitôt dans les forts. A la même date des ulhans s'avancent jusqu'auprès de Créteil où ils se bornent à faire la guerre à cette foule de maraudeurs qui désolent la capitale, en temps de paix. Mais ici on ne s'en plaint pas, car c'est de la besogne de moins à faire dans l'avenir. Le lendemain, les Prussiens occupent Neuilly-sur-Marne : sur ce point, se dirige l'avant-garde d'une forte colonne prussienne.

Un corps ennemi de 5 à 600 hommes envahit le bois de Clamart, mais les arbres étant en pleine sève n'ont pu être détruits par l'incendie, aussi l'ennemi trouve-t-il dans ce bois un refuge contre les bombes de nos forts.

Le premier combat sous Paris a lieu le jeudi 15, du côté de Créteil.

Le commandant du corps des éclaireurs de la Seine reçoit l'ordre du général Trochu de pousser une reconnaissance vers cette commune où l'ennemi est signalé. L'escadron des éclaireurs se dirige alors de bonne heure vers Maison-Alfort et se met à la disposition du commandant du fort. Dirigé vers le carrefour de Pompadour à 1500 mètres de Choisy-le-Roi en longeant la route de Villeneuve St-Georges, l'avant-garde des éclaireurs rencontre les hussards bleus de la garde royale. — Après une charge brillante et une lutte corps à corps, l'ennemi est dispersé. Les éclaireurs se replient sur le fort après avoir ramassé les armes prussiennes que les ennemis avaient abandonnés sur le champ du combat. L'ennemi a perdu 7 hommes.

Un détachement d'artillerie à pied était venu de Maisons-Alfort pour protéger la reconnaissance des éclaireurs à cheval : un de ces artilleurs a reçu à la tête une balle. Ce fut le seul homme touché par une décharge de l'infanterie prussienne qui, cachée dans le talus du chemin de fer, venait secourir la cavalerie ennemie.

Les éclaireurs à cheval ont trois chevaux tués. Sont blessés : le comte E. de Kergharion, l'adjudant Joly de Marval, le vicomte de Bidé. Les troupes engagées dans ce combat d'avant-postes reviennent, à la fin de la journée, vers le fort de Maisons Alfort et les colonnes prussiennes s'avancent en colonnes serrées

L'escadron des éclaireurs, rentre à Paris, le soir, les blessés en tête, et la foule les acclame.

Deux jours après, dans la matinée, un second combat a lieu à Créteil. Une quinzaine de mille hommes du corps du général Vinoy partent en reconnaissance au-dessus de cette commune près de Bonneuil, dans les bois qui couronnent le plateau de Mély ; l'avant-garde de cette reconnaissance, déployée en tirailleurs, est reçue par une forte décharge d'artillerie.

Dans la nuit, les Prussiens étant parvenu à établir des batteries fixes sur ce plateau, la position devient formidable et l'ennemi a, de son côté, des forces imposantes.

Cependant, le général Vinoy qui va jouer un grand rôle dans le siège de Paris fait avancer immédiatement de l'artillerie et quelques mitrailleuses pour protéger la retraite de la reconnaissance qui avait atteint son but. Les Prussiens subissent alors des pertes assez sensibles. L'état major ennemi s'étant avancé pour examiner la position a plusieurs officiers tués dans les rangs. De notre côté, quinze morts et trente blessés.

Le soir de la même journée, un engagement sérieux se produit sur la rive droite de la Seine entre les forts de Charenton et d'Ivry. Dès quatre heures, à la gare d'Orléans, on entend des coups de fusil tirés par la garde mobile du fort d'Ivry sur les éclaireurs Prussiens. A la demie, le corps des francs-tireurs reçoit l'ordre de partir du côté de Choisy-le-Roi. Il repousse complètement les uhlans, et les forts d'Ivry et de Charenton protègent l'action.

Ces engagements sont le prélude d'une grande action, la première depuis l'investissement complet de Paris. Nous voulons parler du combat de Chatillon qui se livra le 19 septembre.

Les communes de Clamart, d'Issy et de Villejuif figurent dans ce choc terrible où les Prussiens sont délogés sans merci des positions importantes qu'ils veulent occuper afin de mieux bombarder la capitale, quand l'heure de cette barbarie sonnera. Il est bon de dire tout de suite que les différentes affaires qui ont lieu autour de Paris ont toujours eu pour but principal de faire abandonner à l'ennemi des points dangereux pour la résistance, et ajoutons, à l'éloge du gouvernement de la Défense que les membres chargés de nos destinées y ont souvent merveilleusement réussi. Voici, dans toute sa sincérité, le rapport détaillé de ce combat de Chatillon qui est un fait d'armes important.

Combat de Chatillon.

Peu de jours avant cette date du 19, la division du général d'Exea, du 13e corps d'armée, sort de ses lignes, en avant de Vincennes, dirigeant une reconnaissance contre des colonnes ennemies signalées du côté de Choisy-le-Roi. L'opération, conduite par le général Vinoy, commandant le 13e corps, avait amené un engagement à distance, où l'avantage nous reste. Nos pertes sont de six hommes tués et trente-sept blessés. Celles de l'ennemi, d'après les renseignements que le général Vinoy a lieu de croire exactes, sont de 400 hommes environ, dont 58 tués.

Les troupes prussiennes engagées formaient l'arrière-garde (3 à 4,000 hommes) d'un corps qui se dirigeait de Choisy-le-Roi sur Versailles, contournant ainsi les positions de Chatillon et de Clamart. C'est alors que l'on a acquis la certitude que l'ennemi opérait dans ce sens un mouvement très-considérable qui put être constaté, de notre côté, par une reconnaissance de cavalerie ordonnée par le général Ducrot, l'illustre échappé de Sédan. Cet officier général occupa aussitôt avec quatre divisions d'infanterie les positions qui s'étendent des hauteurs de Villejuif à celles de Meudon.

Le 19 septembre, dès la pointe du jour, le général Ducrot fait une reconnaissance offensive en avant de ces positions. Il rencontre là des masses importantes dissimulées dans les bois et dans les villages, et surtout un très grand déploiement d'artillerie. Après un engagement assez vif, nos troupes sont forcées de se replier en arrière, mais une partie de la droite effectue ce mouvement avec une regrettable précipitation. L'autre partie se concentre heureusement en bon ordre, autour de la redoute en terre qui avait été élevée sur le plateau de Chatillon. Enfin, la gauche faiblement attaquée, il est vrai, sait se tenir sur les hauteurs de Villejuif. Mais à ce moment, le feu d'artillerie de l'ennemi prend des proportions qu'il n'avait pu atteindre jusqu'alors. Vers quatre heures, le général Ducrot, après une lutte qui avait duré presque toute la journée, prend énergiquement la résolution de porter ses forces en arrière, sur tous les points où elles pourront rencontrer la protection des forts. Après avoir assuré ainsi la marche vers Paris des attelages et avant-trains des 8 pièces d'artillerie en position dans la redoute de Chatillon prises à l'ennemi, il fait enclouer ces pièces sous ses yeux et se retire le dernier au fort de Vanves.

Le général avait ainsi donné pendant toute la journée des preuves personnelles de résolution et de constance digne de la grande réputation qui l'entoure dans l'armée.

L'artillerie a montré la plus grande solidité, au milieu d'une crise dont elle a porté presque tout le poids. La garde nationale mobile représentée au feu par deux bataillons qui voyaient le feu pour la première fois, a montré de l'entente et de l'équilibre.

Après l'affaire qui nous assure l'intégrité des positions françaises, des ordres sont donnés pour que les troupes reviennent définitivement dans Paris.

Nos pertes sont peu considérables ; quant à l'ennemi, il a sérieusement souffert du feu intense de notre artillerie

Ce rapport donne bien la physionomie du combat de Chatillon où l'on a eu à déplorer, malgré notre succès, l'ignoble conduite de certains faux-soldats, qui ayant pris la fuite pendant l'action après avoir dévasté certaines maisons abandonnées de la banlieue, se sont répandus dans la capitale en annonçant une défaite inouïe alors qu'au contraire, nous nous étions vaillamment conduits. Mais le gouvernement de la Défense fait justice de ces défenseurs de la Patrie transformés un moment en pillards et en oiseaux de mauvais augure.

Encore un mot. — Bien que cette lutte de Chatillon soit en tous points heureuse et de bon augure pour nos armes, il est à regretter que nos troupes aient dû se replier en arrière de la position de Chatillon vers la redoute de ce nom, car ce combat aurait eu plus tard de plus terribles conséquences pour l'ennemi qui aurait perdu là une position qui serait devenue formidable pour nous. Mais ainsi qu'on le verra, la fatalité semble vouloir toujours que nous succombions sous le nombre, après avoir fait cependant des efforts héroïques pour résister jusqu'au bout. Que voulez-vous y faire ? Telle est la question que l'on se pose le soir du combat, dans les rues et sur les boulevards de Paris, où tous proclament la valeur et l'entrain de notre jeune armée. Ah ! lecteurs, Paris mérite l'admiration de tous !

Les mobiles ont montré le plus grand courage à Chatillon. Le bataillon d'Ile et Vilaine et un bataillon de la Seine entre autres ont fait preuve d'héroisme et de discipline surtout.

Sur ses entrefaites, le patriote Jules Favre quitte Paris. Il se rend au quartier général Prussien à Ferrières pour demander à notre ennemi si, reconnaissant le nouveau gouvernement qui a tant combattu la guerre à la Chambre Législative, il veut traiter de la paix. A ces ouvertures, Bismarck expose aussitôt des prétentions si offensantes pour l'honneur de notre drapeau, qu'ordre est donné à Paris de pousser la défense à ses dernières extrémités. En partant, Jules Favre fait connaître néanmoins son ultimatum à la Prusse ambitieuse en s'écriant : « Pas un pouce de terrain ! Pas une pierre de nos forteresses ! » Ces paroles ne tardent pas à être sur toutes les lèvres ; on les trouve magnifiques et on y croit : Aussi espère-t-on que la réalisation de cette profession de foi jetée à la face du vainqueur constituera pour l'illustre avocat un titre immortel à l'admiration et à la reconnaissance de la nation représentée par lui dans une circonstance solennelle.

Quelques esprits vicieux égarés, dit on, par la passion politique, considèrent la démarche de Jules Favre comme humiliante pour la France, mais d'autres se récrient et déclarent qu'il est impossible de se tromper d'une façon plus étrange. Les raisonneurs ajoutent que les rôles sont intervertis et que les ouvertures d'armistice ou de paix proposées par le gouvernement ne peuvent être regardées comme honteuses par le pays, puisque le gouvernement né du mouvement du 4 septembre a toujours repoussé à la Chambre, alors qu'il faisait de l'opposition, la guerre à outrance et qu'il a sans cesse et à grands cris demandé la paix universelle

Sténographe fidèle, nous tenons ici, comme vous voyez à traduire aussi bien que possible les échos de l'opinion publique.

Entrevue de Ferrières.

Nous donnons maintenant d'après les journaux de Paris le récit succint qui a été publié à cette époque de l'entrevue de Ferrières qui a inspiré la fière déclaration de Jules Favre :

Pas une pierre de nos forteresses ! pas un pouce de terrain. M. Jules Favre quitte Paris le dimanche 18 septembre, à 6 heures du matin. Il rencontre le quartier général prussien entre Meaux et Ferrières. Aussitôt une entrevue a lieu dans laquelle Bismark donne l'assurance au vice président du gouvernement de la Défense nationale que tout autant que lui il désire la paix. Mais, ajoute-t-il, je ne puis rien décider, rien dire, sans avoir vu le roi. »

Malgré cela, M. J. Favre sait attendre, et le lendemain matin, le chancelier fédéral fait prier notre ministre des affaires étrangères de se rendre à Ferrières, où le roi avait établi son quartier général.

La deuxième entrevue, celle qui devait décider de la vie de tant de citoyens, a lieu dans la propriété de M. de Rothschild.

Après avoir déclaré que la question d'argent n'a, à ses yeux, aucune importance et qu'il ne tient aucun compte de l'indemnité, M. de Bismark exprime le regret de se voir dans la nécessité d'exiger de la France une cession de territoire.

La guerre actuelle, ajoute-t il, a coûté de si gros sacrifices en hommes et en argent que jamais l'Allemagne ne lui pardonnerait de signer la paix sans avoir obtenu de sérieuses garanties pour la paix à venir. J'ai à lutter, dit Bismark, contre un parti puissant, et je dois compter avec lui.

En face de telles prétentions, il ne restait plus à notre ministre des affaires étrangères qu'un parti à prendre, se retirer. C'est ce qu'il fit dans la nuit de mardi à mercredi.

Dès son arrivée, J. Favre se rend à l'hôtel-de-ville où il fait part a ses collègues du résultat de s mission.

Une longue discussion s'ensuit, à la suite de laquelle le gouvernement lance cette fameuse phrase : Pas un pouce de terrain, pas une pierre de nos forteresses. Ces mots qui deviennent célèbres aussitôt sont désormais le baume qui adoucira la plaie douloureuse faite à la Patrie en danger.

On dit que Jules Favre a été reçu par

Bismark avec les égards dus au représentant d'une grande puissance. Le chancelier fédéral a usé même, en cette circonstance, de cette exquise politesse dont il sait dorer les détours de son astucieuse politique.

Après ce voyage, on apprend que le Roi Guillaume à son quartier général à Meaux ; le Prince Royal, à Fontainebleau ; le Prince Albert, à Brunoy ; le Prince Royal de Saxe, à Bezons ; le général de Falkenstein, à Choisy-le-Roi.

Pendant que Paris est aux remparts à veiller au salut de la Patrie, pendant qu'au nord et au sud le canon tonne avec furie, le Gouvernement croit devoir publier, peut-être à tort, les lettres, documents et papiers de la famille Impériale, trouvés aux Tuileries après le départ de l'ex-Impératrice, le 4 septembre. Cette publication se fait sous forme de livraisons. Plusieurs contiennent des pièces remarquables qui, avouons-le, loin de compromettre le régime déchu font honneur, au contraire, à plusieurs de ses anciens représentants. Puisque nous en parlons, nous avons lu, entr'autres une note confidentielle rédigée par Rouher, l'ex-ministre d'Etat, adressée à l'Empereur. Il y est question du choix *souvent difficile*, d'un ministre de l'intérieur. Eh bien ! ce travail est assurément une fine et très-remarquable étude sur les hommes et les choses de l'Epoque impériale. En effet, M. Rouher y passe en revue avec une justesse de vues exquise de grandes notabilités politiques : MM. Pinard, Piétri, Alfred Leroux, Magne, Haussmann, et il y donne sur le caractère de chacun d'eux des appréciations très ingénieuses et très malicieuses à la fois. En somme, révélations curieuses et chef-d'œuvre de style à recommander aux délicats.

Le dossier impérial contient près de deux cent mille pièces, et l'imprimerie nationale est chargée de le livrer au public.

Bien que déjà assez attristant comme cela, le siège de Paris n'empêche pas les manifestations de se produire, tant il est vrai que Paris doit manifester quand même sous tous les régimes et dans tous les temps. Dans le courant de ces relations de l'investissement de Paris, on en verra de drôles, de comiques, de sinistres, mais comme nous décrivons ici les faits par ordre de date, sans parti pris, sans philosophie, tels qu'ils se sont passés, commençons par la manifestation qui a lieu le 22 septembre. Nous examinerons les autres, à mesure qu'elles se produiront.

Néanmoins celle du 22 septembre est calme Elle se compose d'environ deux mille gardes nationaux, en armes. Elle conserve cependant le simple caractère d'une protestation contre la réponse hautaine et insolente de Bismark. Elle se borne à demander le renvoi des élections après l'expulsion des Prussiens du territoire. Le Gouvernement est tombé d'accord avec la foule sur la résistance à outrance et le maintien du programme de Jules Favre : ni un pouce de notre territoire ni une pierre de nos forteresses.

« Nous sommes un gouvernement de défense, et non de capitulation » s'est écrié Jules Simon, au milieu des bravos enthousiastes.

En sa qualité de président de la Commission, Henri Rochefort déclare qu'on commencera le soir même des barricades dans les rues situées en deça de l'enceinte de Paris.

Cette protestation se termine à la satisfaction du peuple.

Le 23 septembre, engagement de Villejuif. Le Gouvernement de la Défense est informé par des éclaireurs et des francs-tireurs que l'ennemi avance en forces considérables par Bourg-la-Reine et Villejuif dans le but de passer entre les forts de Montrouge, de Bicêtre et d'Ivry.

Nos troupes opèrent alors un mouvement tournant par Montrouge d'un côté, et Ivry, de l'autre. Elles enveloppent l'ennemi au moment où il passe entre les forts et l'artillerie en fait un grand carnage, surtout dès l'aube.

Les mitrailleuses donnent à ce moment leur *merveilleux* concours, font des monceaux de cadavres prussiens. En outre, dans une gorge située entre Arcueil et Bourg-la Reine plusieurs centaines d'ennemis sont fait prisonniers.

A la même date, un engagement aussi sérieux a lieu à Pierrefite, et ces deux actions combinées viennent de plus en plus prouver au Gouvernement de la Défense que nos jeunes troupes acquièrent de la solidité, de l'aplomb et du sang-froid depuis le commencement du siége,

Après Villejuif et Pierrefite, le calme revient de nouveau et l'ennemi qui n'a pu construire des travaux sans être inquiété par le tir continuel de nos forts, concentre toutes ses troupes à Versailles.

Paris, lui, s'organise sans trêve, et cette ville qui passait pour une cité livrée à tous les plaisirs et aux spectacles les plus étranges, change de physionomie aux premières nouvelles de la défaite Babylone devient tout à coup Sparte et Lacedémone ; tous s'enrolent comme soldats à l'autel de la Patrie en danger et malgré les premières atteintes d'une saison rigoureuse, les carrefours, les places publiques, les grandes avenues sont encombrés de citoyens pratiquant avec ardeur le maniement du fusil. Paris, sanctuaire des voluptés, se transforme du jour au lendemain en place de guerre, mais une place redoutable où les privations, le rationnement des vivres, ne ralentiront point le patriotisme de ses habitants.

Après ce court hommage rendu à l'héroïsme et à la constance de Paris qui, de concert avec les vaillantes légions de la Province venues ou à venir, montre une indomptable énergie, continuons nos tablettes au jour le jour.

Notre ligne de défense, de Montrouge à Ivry, par Villejuif, Bicêtre et le Moulin Sagnet, offre un aspect admirable : Forts et redoutes, travaux en terre, bastions de l'enceinte, barricades sont reliés par des murs crénelés ; les maisons qui avoisinent les points de défense sont percées de trous ; les jardins, les accidents de terrain, tout est mis à contribution ; tout s'enchaîne, tout cela est curieux à voir et les Prussiens n'ont qu'à bien se tenir, car la résistance sera terrible.

Le *Figaro* s'exprime ainsi au sujet du combat de Pierrefite que nous n'avons fait que mentionner il y a un instant. Ce combat est pour ainsi dire imprévu. Ce sont des reconnaissances qui, se trouvant engagées fortement du côté de ce village, ont dû subir et faire supporter à l'ennemi pendant plusieurs heures une fusillade des plus vives.

Les troupes françaises se composaient du 28e régiment de marche, des grenadiers, des zouaves, et de deux bataillons de la garde mobile de la Seine, y compris celui du faubourg St-Antoine.

Nos soldats arrivés près du village aperçoivent l'ennemi occupant toutes les maisons qu'il a crénélées et d'où il pleut des grêles de balles. La riposte est extrêmement violente aussitôt. Les grenadiers et les zouaves soutenus par les mobiles se jettent à l'assaut de chaque maison et parviennent à déloger les Prussiens d'une grande partie du village, tandis que les forts tonnent aussi contre eux. La nuit arrivant, la retraite sonne et nos braves défenseurs se replient sans désordre.

Il est glorieux de remarquer que, dans ces différents engagements dont les épisodes se déroulent ici, le but vers lequel la défense porte ses efforts, est toujours couronné de succès. Ces actions ne sont jamais décisives ; on veut faire reculer l'ennemi autant que possible pour laisser s'accomplir en paix notre admirable organisation de la garde nationale et se préparer à une lutte suprême.

Aucune opération à signaler le 26 septembre. Le gouverneur de Paris, le général Trochu, reconnait les défenses de St-Ouen, St-Denis, Aubervilliers. De son côté, le Ministre de la guerre visite les positions entre Courbevoie, Neuilly, Boulogne et l'enceinte. Ces reconnaissances donnent les plus rassurants résultats ; l'activité ne se ralentit pas ; la confiance redouble et on attend avec patience les évènements. Le découragement ne montre jamais sa face livide ; tout le monde est à sa porte et chacun a toujours présent à la mémoire les belles paroles de Jules Favre : pas un pouce de terrain, pas une pierre de nos forteresses.

Le commandant Franchetti, des éclaireurs de la Seine, taquine constamment l'ennemi et se tient en éveil.

A cette époque, Paris compte toujours sur

le réveil de la Province. On reconnait son courage et on est convaincu qu'elle s'arme pour repousser l'invasion. Cette idée exalte la valeur et l'espoir du secours renait. Le gouvernement de la Défense continue à montrer un zèle à toute épreuve.

On commence à faire l'expérience des ballons pour communiquer ses sensations à la Province et du même coup un service presque régulier de correspondances de Paris avec les départements s'établit. Chacun s'empresse alors de mettre *la plume à la main*, c'est le cas ou jamais, pour envoyer des compliments à sa famille, ma s on n'a pasencore une confiance entière dans ce mode de transport et on craint, peut-être avec raison, que sur des millions de lettres, une faible partie des correspondances parisiennes parvienne seulement à leurs destinataires. Nous même éprouvions bien le désir d'expedier la relation de ces évènements, maisle moyen ! lorsqu'on apprend que plusieurs ballons sont tombés entre les griffes de l'ennemi. C'était, ma foi, peu encourageant et nous nous sommes abstenu. Et puis, du reste, on avait le droit d'écrire si peu de choses *et sur du papier pelure encore*, que tout conspirait à laisser de côté ballons, pigeons et le reste.

Les derniers jours de septembre, depuis le 25 jusqu'au 29, sont à peu près dépourvus d'incidents militaires ; les canons des forts et des tranchées tonnent de temps à autre comme pour montrer à l'ennemi que le Francais ne s'endort pas, même dans la mauvaise fortune. Les forts de Nogent et de la Faisanderie inquiètent sans cesse les travaux des Prussiens, et Dieu sait si les Prussiens travaillent. Cependant, à mesure que les circonstances deviennent solennelles, Paris, le Paris volage, le tout Paris des théâtres, des concerts, des bals, tout ce Paris mondain, efféminé, devient recueilli et grave. On se prépare avec calme à la bataille, à la mort, au sang, au bombardement, à l'incendie, mais le bombardement et l'incendie, quoique toujours promis par les Prussiens n'arrivent pas souvent. Tous les jours, nous ne dirons pas on craint, mais on s'attend à voir en l'air la première bombe, comme aux beaux jours de fête de Paris, on reste les yeux en l'air pour admirer les premières fusées du feu d'artifice, mais le gouvernement de la Défense est comme sœur Anne qui ne voit rien venir. Chose digne de remarque ! si le Parisien sait conserver, au milieu du péril, le sérieux et le ton grave que commande la gravité de la situation, il ne perd pas toutefois sa jovialité proverbiale. Le bombardement le fait rire, à la fin de septembre ; plaise à Dieu que cette gaieté se perpétue jusqu'à l'heure de réalité.

La Commune.

Un duel étrange que les gens de bon sens réprouvent, éclate entre le gouvernement du 4 septembre et les journaux ultra-radicaux qui réclament à grands cris les élections municipales. On se demande si le moment est bien choisi et il est certain que le gouvernement chargé de la défense est environné de préoccupations autrement graves. Aussi continue-t il son œuvre patriotique sans se heurter aux ruades d'un parti qui fomente et qui, assurément, suscitera dans l'avenir quelque grosse catastrophe. Mais l'œuvre de défense des gouvernants sera d'autant plus belle qu'elle aura rencontré des difficultés à vaincre non-seulement à l'extérieur, mais à l'intérieur de la capitale. Le parti contraire au gouvernement du 4 septembre, l'opposition sous la République (vous voyez bien qu'elle existe dans tous les temps), c'est-à-dire *la commune*, se tient encore tranquille pour cette fois, après avoir osé demander des élections près du canon de l'ennemi. Elle ne se tient cependant pas pour battue et songe à recommencer ses taquineries. Paris attend sans s'émouvoir de nouvelles protestations de la part des *communeux*, mais on s'étonne de voir de petites révolutions surgir du sein d'une ville assiégée et livrée aux boulets étrangers, alors que les rancunes de partis doivent se taire quand la Patrie arbore des drapeaux de deuil. Cependant MM. Flourens, Blanqui, Félix Pyat, représentants la Commune et voulant substituer leur gouvernement radical à celui de la Défense nationale, ne cessent de conspirer contre l'ordre de choses établi le 4 septembre, eux qui pourtant ne se gênaient pas pour jeter l'anathème sur les complots du règne déchu. Mais que voulez-vous, on croit toujours mieux faire que son prédécesseur et souvent l'on fait plus mal.

Revenons pour nous reposer l'esprit de ces turpitudes d'opinions aux évènements militaires. Le 29 septembre, on ne signale rien de particulier. Les forts d'Ivry, Bicêtre, Montrouge ne bougent pas. Les positions du Moulin Saquet, Villejuif et des Hautes-Bruyères se trouvent dans d'excellentes conditions. Quelques coups de canon tirés du fort de l'Est et de la double couronne font déloger l'ennemi du Moulin-de-Romanicourt près St-Denis et du château de Stains. Ils commencent à incendier le Bourget où se passeront bien des engagements plus tard. Les francs-tireurs qui ne manquent pas une seule occasion de faire le plus de mal possible aux Prussiens, poussent très vigoureusement des reconnaissances. Les chasseurs de Neuilly se dirigent en avant de nos positions de Villejuif que les Prussiens tentent toujours d'occuper ; les francs-tireurs des Lilas (Romainville) vont vers Drancy. Les travaux exécutés par l'ennemi à Stains, Garges et plus à l'est vers Orgement et St-Gratien sont inquiétés par les obus des forts.

Combat de Chevilly.

Le calme momentané de part et d'autre ne doit pas durer bien longtemps, car le 30 septembre, un engagement important a lieu et, cette fois, c'est plus qu'une action sérieuse, c'est un combat, c'est une bataille, la bataille de Chevilly.

Le combat de Chatillon dont on connait les détails avait eu pour but de faire reculer les Prussiens jusqu'à Chevilly, village situé sur la route de Choisy-le-Roi à Versailles par Sceaux et Plessis-Piquet. Le demi succès remporté par nous avait rendu les troupes françaises maitresses des positions avancées du Moulin-Saquet et des Hautes-Bruyères qui couvrent les forts de Montrouge, Bicêtre et Ivry. Mais, de leur côté, les Prussiens occupaient les positions assez fortes de Thiais, Lhay et Chevilly. Ils pouvaient ainsi s'emparer de nos positions des Hautes Bruyères et du Moulin-Saquet.

On décide donc de les rejeter plus en arrière, de leur faire abandonner la station de Villejuif et de reprendre possession de la route de Fontainebleau. Le résultat fut atteint en incendiant les villages de Lhay et de Chevilly qu'étaient remplis de Prussiens Pour connaître mieux les détails de ce combat de Chevilly, il est bon de donner maintenant dans son entier le rapport officiel.

30 septembre. — A la suite de l'occupation par la division du général Dhaudhuy des positions voisines de Villejuif, l'ennemi était resté maître des villages de Lhay, Chevilly, Thiais et Choisy-le Roi, protégeant ainsi sa ligne de communication sur Versailles.

Depuis quelques jours on lui voyait faire sur cette ligne des travaux de terrassement et créneler les villages. Il fut alors décidé par le gouvernement qu'une action combinée sur les deux rives de la Seine serait tentée pour reconnaître exactement les forces établies dans ces positions.

Dans ce but, pendant la nuit, nos troupes sous les ordres du général Vinoy se massent vers les forts d'Ivry, de Bicêtre et de Montrouge, en arrière de nos postes avancés. Sorties de leurs lignes à la pointe du jour, nos troupes sont accueillies immédiatement par un feu très-vif de mousqueterie et de canon, auquel elles répondent avec énergie et sans faiblir. Bientôt l'engagement devient général sur tout le plateau de Villejuif et ne dure pas loin de trois heures. Pendant que les troupes aux ordres du général de brigade Guilhem. (35e et 42e) refoulent avec une vigueur rare l'ennemi hors de Chevilly, la tête de colonne du général Blaise (division Mandhing) pénètre dans le village de Thiais, s empare d'une batterie de position qui ne peut être enlevée faute d'attelages. Mais, à ce moment, l'ennemi appelle à lui les masses concentrées à sa portée qui ne s'élèvent pas à moins de 30,000 hommes.

Le général Vinoy jugeant avec raison

que l'entreprise ne doit pas être poussée plus loin, ordonne la retraite Elle s'effectue, sous le feu, avec un calme qui est fort remarqué et qui fait le plus grand honneur aux troupes. L'artillerie toujours solide appuie efficacement, par la précision de son tir, les mouvements de nos forces ; enfin, les jeunes bataillons de mobile se signalent par la contenance la plus ferme.

Nos pertes sont considérables pour les brigades qui ont directement attaqué les positions fortifiées de l'ennemi. On regrette la mort du général Guilhem, vaillant officier qui a bien su mériter du pays en cette occasion.

Le général d'Exea qui a marché à l'extrême gauche sur Créteil, avec une seule brigade, bien que très vivement engagé, parait n'avoir eu qu'une trentaine d'hommes hors de combat. Cet officier général se loue de l'attitude des troupes. Le feu de ses mitrailleuses éprouve l'ennemi qui fait là, comme sur le plateau de Chatillon, des pertes importantes.

L'intendance militaire et les services dont elle dispose, la Société Internationale de Secours aux blessés, avec un matériel et un personnel considérable, remplissent leur mission avec dévouement. En résumé, le combat du 30 septembre, à Chevilly, montre à nos soldats ce qu'ils valent, à leurs chefs, ce qu'ils peuvent attendre d'eux, et cette journée honore les efforts de la défense.

Au milieu de ces combats heureux pour nous, combats qui nous assurent des positions capables de résister aux attaques de l'ennemi, le gouvernement de la Défense, pour honorer le courage malheureux, décrète que la statue de la ville de Strasbourg qui se trouve à Paris, sur la place de la

Concorde, sera coulée en bronze et maintenue sur le même emplacement, avec inscription commémorative des hauts faits de la résistance des départements de l'Est. En attendant, ce monument disparait sous une avalanche de drapeaux, de couronnes et une petite statue représentant le général Uhrich en costume et brandissant son épée, fait naître l'admiration et le courage.

La journée du 2 octobre n'est signalée par aucun évènement militaire. Sur plusieurs points, le canon des forts inquiète les positions et les travaux de l'ennemi auquel notre vigoureuse offensive du 30 septembre démontre la nécessité de se retrancher fortement. En avant de toutes nos lignes, en effet, depuis cette lutte, on reconnait la trace d'une grande préoccupation, les déplacements de troupes se multiplient, les travaux sont poussés avec activité. En somme, l'ennemi paraît craindre de nouvelles attaques et cherche à se mettre en état de défense.

Les forts d'Issy, de Vanves, de Montrouge et d'Ivry tirent toujours quelques coups de canon dans la direction des positions de l'ennemi. Le calme continue néanmoins. Les Prussiens établissent des tranchées de communication à une grande distance de nos lignes, et le canon des forts inquiète ces travaux.

Le général Ducrocq fait connaître, le 4 octobre, qu'il s'est produit des mouvements de troupes ennemies en avant de ses lignes : les Prussiens qui étaient à la Malmaison ont été remplac s par les Wurtembourgois. Pareil fait est signalé à la suite du combat du 30 septembre, vers Sèvres, Chatillon et le plateau de Villejuif Le matin, une reconnaissance faite en avant du fort de Nogent-sur-Marne, par trois compagnies du bataillon de la Drôme et un peloton de spahis, s'est heurtée presqu'à la sortie du village de Neuilly-sur-Marne, contre des avant-postes Prussiens qui se sont repliés vivement sur un petit bois où 500 hommes environ étaient embusqués ; accueillis à une petite distance par une fusillade très nourrie, mais que le brouillard rendait peu meurtrier. Nos spahis chargent jusqu'à la lisière du bois et tirent à bout portant. Leur décharge renverse une vingtaine d'hommes ; quant à nous, deux chevaux tués et un blessé ; nos cavaliers en se repliant sur l'infanterie ne sont pas poursuivis.

Nos forts du sud de Paris ont lancé quelques obus sur les travailleurs et les colonnes de marche de l'ennemi.

Rien de nouveau sur tous les autres points.

Vers le 5 ou 6 octobre, tous les forts de l'enceinte canonnent l'ennemi. Le mont Valérien, Montrouge, Issy, tirent des coups de canon sur Montretout. Le fort de Vanves donne aussi. Plusieurs mouvements de troupes ennemies sont signalés à six kilomètres du fort de Nogent. Les Prussiens pratiquent des créneaux dans les murs de clôture du village de Cœuilly. Vive fusillade pendant une partie de la nuit du côté de Joinville. Le matin, brumes épaisses. On canonne sérieusement tous les points sur lesquels on voit ou l'on soupçonne des travaux. Le tir des forts ne cesse d'être excellent et les marins qui desservent ces forts s'acquièrent une réputation de merveilleux pointeurs. Tout Paris s'entretient de leur habileté et de leur splendide coup d'œil !

Pendant que nos courageux défenseurs de Paris ne reculent devant aucun sacrifice pour écraser à jamais un ennemi inhumain et barbare, ils ont encore à l'intérieur, dans les rues de la capitale même un autre ennemi à combattre, français comme eux pourtant ! c'est la Commune qui fait encore des siennes et qui vient troubler l'héroïsme des enfants de Paris. A l'heure où de tous côtés le canon gronde avec un tel fracas que les vitres des maisons dansent dans leur fermoir, au moment où nos soldats versent généreusement leur sang pour la Patrie, M. Flourens, un des principaux meneurs de la Commune, prépare sa petite manifestation et forme le projet de se rendre à Hôtel de-Ville, pour contrarier le gouvernement de la Défense.

Voici, à ce sujet, la relation que le journal le *Temps* a publiée à cette époque :

M. Flourens a l'Hotel de Ville.

7 *Octobre*.—Dans une réunion tenue hier à Belleville les officiers de cinq bataillons de la garde nationale, dont quatre forment la légion commandée par M. Flourens, avaient décidé qu'ils feraient aujourd'hui une manifestation à l'Hôtel de Ville.

Cette manifestation vient en effet de se produire sous une forme assez fâcheuse : les gardes nationaux composant les cinq bataillons sont arrivés en armes, vers midi, sur la place de l'Hôtel-de-Ville, où les officiers délégués ont été introduits, à une heure, auprès du gouvernement de la défense.

M. Flourens, qui était à leur tête, a résumé dans un discours les griefs de ses commettants contre le gouvernement.

Il a réclamé :

1° Que les gardes nationaux disposés à prendre part aux sorties, et plus tard, s'il est possible, tous les gardes nationaux, sans exception, soient armés de fusils perfectionnés ;

2° Que des sorties nombreuses et répétées entretiennent dans la population militaire l'ardeur patriotique ;

3° Que des commissaires de la République soient envoyés dans les départements ;

4° Qu'on procède immédiatement aux élections municipales et au rationnement des subsistances.

Le général Trochu et M. Gambetta ont répondu tour à tour. Le premier a fait observer qu'on ne devait pas faire de sorties importantes sans avoir un objet précis et sans espérer un résultat utile, et qu'il fallait d'ailleurs à la garde nationale de sortie des exercices préparatoires et de l'artillerie.

« Les autres questions, a ajouté M. Gambetta, sont à l'étude et recevront une prompte solution. »

Vers deux heures un quart, les gardes nationaux qui avaient pris part à la manifestation se retirent en bon ordre, précédés de la musique de la légion Flourens, qui joue la *Marseillaise* et le *Chant du Départ*.

Sur leur passage, nous entendons les personnes mêmes qui s'associent aux vœux des manifestants, blâmer énergiquement la forme armée donnée à la manifestation.

Partout on se demande dans Paris si l'on en finira pas une bonne fois avec ces révolutionnaires enragés ? L'avenir se chargera probablement de résoudre cette question, à la plus grande confusion des agitateurs. Poursuivons, ce ne sera pas sans doute la dernière sortie de Flourens.

Après ce nouveau mouvement des radicaux, une bonne nouvelle venue de Tours que publie le Gouvernement vient réconforter nos âmes et double notre courage. Mais, en vérité, cn a besoin de cela.

Les lignes suivantes sont affichées dans Paris :

La Province se lève et se met en mouvement. Les départements s'organisent. Tous les hommes valides accourent au cri : ni un pouce de terrain, ni une pierre de nos forteresses, sus à l'ennemi, guerre à outrance, signé : Glais Bizoin.

Mais au diable le guignon révolutionnaire ! pendant que cette bonne nouvelle se répand dans Paris comme un baume bienfaisant sur une plaie encore vive, on annonce qu'une nouvelle manifestation a lieu au Ministère de l'Intérieur. On compte pourtant sur la sagesse des entraîneurs, mais bah ! le parti des mécontents est si redoutable lorsque survient un changement de gouvernement Enfin, lecteurs, vous voyez, nous ne pensions rencontrer que des faits militaires et voilà que d'alinéa en alinéa, nous sommes obligé de relater une tentative des *communeux*, comme on les appelait déja sous la République de 1848.

Heureusement qu'aucun engagement sérieux ne se produit pendant ces jours-là, car, ma parole d'honneur, c'est, certes, une tache bien rude d'anéantir à la fois l'anarchie et une nation ennemie formidablement armée.

A ce moment, les Parisiens ne doutent plus du mouvement patriotique de la Province qui s'organise pour accourir au secours de la Capitale. Le Gouvernement de l'hôtel-de-ville parait également se montrer plein d'espérance sur ce point, puisqu'il s'empresse de dépêcher Gambetta dans le département de la Somme pour activer encore plus l'organisation des armées de la Loire et former celles du Nord. En effet, ce fougueux tribun, oracle du peuple, monte en ballon le 6 octobre et promet en partant de soulever les cœurs tièdes du dehors par la persuasion et le feu de son éloquence.

M. Kératry, préfet de police depuis le 4 septembre, ne tarde pas à quitter Paris pour se mettre aussi à la tête d'une armée de Province, celle de Bretagne. Avant de donner sa démission de préfet, il adresse au gouvernement de la Défense nationale un rapport circonstancié tendant à la suppression de la préfecture de police. Tout en faisant un éloge admirable de cette administration dont le fonctionnement a toujours provoqué l'envie des peuples voisins, il démontre que cette dépendance du Ministre de l'Intérieur étant devenue un instrument exclusivement politique entre les mains du pouvoir impérial, elle a dépassé son but et ses attributions. Il conclut en disant que les différents services qui y sont rattachés rentreront dans les ministères où ils se trouvaient autrefois. Cette administration dont l'utilité a été maintes fois appréciée, est loin aujourd'hui d'être supprimée et le Gouvernement, tout en revêtant l'acte de M. Kératry *démissionnaire*, de son approbation, a donné aussitôt un remplaçant au commandant en chef de l'armée de Bretagne. A partir de cette époque, M. Edmond Adam prend en main les rênes de la préfecture de police, mais celui-ci n'y reste pas longtemps et remet sa démission au Gouvernement de la Défense après l'échauffourée du 31 octobre dont nous parlerons bientôt. M. Cresson, avocat, le remplace aussitôt et doit s'y maintenir jusqu'à la fin des hostilités.

—

Combat de la Jonchère et Rueil.

Le dimanche 15 octobre ont lieu les funérailles d'un brave gentilhomme, le comte de Dampierre, commandant du bataillon des mobiles de l'Aube Il était mort d'une façon glorieuse à la tête de ses hommes le jour du combat de Chatillon. Le général Trochu, gouverneur de Paris, le général Schmitz, son chef d'état-major et le colonel Fory viennent rendre à ce héros les derniers hommages dûs à sa belle conduite.

Le *Figaro* fait l'apologie de ce vaillant soldat :

« Dampierre était un de ces oisifs intelli-
» gents qui ont pour excuse une immense
» fortune et pour occupation de la dépenser.
» Entourés de ces mille séductions, ils
» s'échappent volontiers au travail sérieux
» dont ils n'entendent pas la voix au milieu
» du tourbillon de leurs plaisirs. Mais, dès
» qu'il s'agit d'accomplir une œuvre de
» charité et de courage, ils n'attendent pas
» qu'on se batte sous les fenêtres de leurs
» hôtels ou de leurs châteaux. »

Ajoutons à ces lignes bien senties, que le comte de Dampierre avait le cœur, l'héroïsme et la foi d'un soldat chrétien.

Après quelques jours de calme, le Gouvernement se décide à reprendre la série des engagements militaires. Il s'était, jusqu'à présent, contenté d'administrer, mais être partout est un problême que sait résoudre sans difficulté notre laborieux Comité de Defense.

Le 21 octobre, une sortie est faite par le général Ducrot dans la direction de Rueil, La Malmaison, La Jonchère et le château de Buzenval.

Après une violente canonnade de trois quarts d'heure, nos troupes s'avancent avec le plus grand entrain sur tous les points, repoussant les tirailleurs ennemis jusque dans l'épaulement qui borde les hauteurs de la Jonchère.

Dans ces positions, les obus de notre artillerie vont les foudroyer, forçant ainsi l'ennemi à renouveler cinq fois les détachements qui les occupent. Ce fait seulement peut donner aux lecteurs la mesure des pertes considérables qu'il a éprouvées, et lorsqu'on se met à penser que depuis la déclaration de guerre du 19 juillet jusqu'au blocus de Paris, il en a été toujours ainsi pour les Prussiens, on s'étonne que la victoire ait été si tenace à deserter notre drapeau.

L'action ne se termine qu'à la nuit close ; mais pour la mieux étudier, nous donnons ici l'excellent rapport de ce combat où nous ne cessons de conserver tous nos avantages, comme dans les précédentes affaires.

Pendant que Ducrot se porte sur la droite, Vinoy, sur la gauche, entre Ivry et Issy, fait déployer ses troupes sur la route stratégique, son artillerie, celles des forts et les canonnières de Billancourt couvrent d'obus toutes les positions de l'ennemi.

D'autre part, le général de Bellemare se porte de St-Denis sur Gennevilliers et Colombes pour couvrir le général Ducrot.

Bien que les Prussiens soient à quelques kilomètres de nos forts, bien que les crépitements des mitrailleuses assourdissent Paris à chaque moment ; bien que le général Trochu unisse à des talents militaires, toutes les ressources d'un génie organisateur (c'était l'opinion du moment), le Parti radical se réveille avec fracas et nous remplit d'épouvante ; il semble préparer dans l'ombre un grand coup et nous fait connaitre ses théories dans les journaux de sa couleur, *le combat, la Patrie en danger* et autres *ejusdem farinæ*. Hier, il demandait la mort ou la Commune ! La levée en masse, aujourd'hui il presse la population de surveiller le gouverneur de Paris et les membres de la Défense. Ces messieurs s'agitent, le parti Flourens et consorts conspirent ; on s'attend de jour en jour à une catastrophe. Mais avant, lecteurs, réglons le compte des Prussiens de Berlin, les vrais ; nous vous entretiendront tout à l'heure des Prussiens de Paris, les plus redoutables d'entre tous. Vous me direz, sans doute, je vous vois d'ici, mais, c'est une lourde tâche tout de même que d'avoir à écraser deux ennemis à la fois, c'est pourtant ce qui a eu lieu, et cet état de choses décourageant a duré près de cinq mois.

Voici le rapport que le général Ducrot adressa au Gouvernement de la Défense nationale au sujet du combat de la Jonchère ou de Buzenval, il est remarquable et vaut la peine d'être lu ; c'est pourquoi j'ai tenu à vous le transmettre en entier, au moyen de la carte publiée par les soins du journal *la Colonne* au commencement de l'investissement de Paris, vous trouverez là une récréation militaire des plus curieuses.

RAPPORT MILITAIRE.

22 octobre 1870, 4 h. du soir.

Monsieur le gouverneur,

La sortie ordonnée par vous en avant de nos lignes s'est exécutée hier conformément au programme que j'avais eu l'honneur de vous soumettre.

Les troupes d'attaque étaient formées en trois groupes :

Premier groupe. — Général Berthaut : 3,400 hommes d'infanterie, 20 bouches à feu et un escadron de cavalerie — destiné à opérer entre le chemin de fer de Saint-Germain et la partie supérieure du village de Rueil.

Deuxième groupe. — Général Noël : 1,350 hommes d'infanterie, 10 bouches à feu — destiné à opérer sur la côte sud du parc de la Malmaison et dans le ravin qui descend de l'étang de Saint Cucufa, à Bougival.

Troisième groupe. — Colonel Cholléton : 1,600 hommes d'infanterie, 18 bouches à feu et un escadron de cavalerie — destiné à prendre position en avant de l'ancien moulin au-dessus de Rueil, à relier et à soutenir la colonne de droite et la colonne de gauche.

En outre, deux fortes réserves étaient disposées, l'*une à gauche*, sous les ordres du *général Martenot*, composée de 2,600 hommes d'infanterie et 18 bouches à feu ; — l'*autre, au centre, commandée par le général Paturel*' composée de 2,000 hommes d'infanterie, de 28 bouches à feu et de 2 escadrons de cavalerie.

A une heure, tout le monde était en position et l'artillerie ouvrait son feu sur toute la ligne, formant un vaste demi cercle de la station de Rueil à la ferme de la Fouilleuse ; elle concentrait son feu, pendant trois quarts d'heure, sur Buzanval, la Malmaison, la Jonchère et Bougival. Pendant ce temps nos tirailleurs et nos têtes de colonne s'approchaient des objectifs à atteindre, c'est-a-dire la Malmaison pour les colonnes Berthaut et

Noël, Buzanval pour la colonne Cholleton.

A un signal convenu, l'artillerie a cessé instantanément son feu et nos troupes se sont élancées avec un admirable entrain sur les objectifs assignés ; elles sont arrivées promptement au ravin qui descend de l'étang de Saint Cucufa au chemin de fer américain, en contournant la Malmaison. La gauche du général Noël a dépassé ce ravin et a gravi les pentes qui montent à la Jonchère ; mais elle s'est trouvée bientôt arrêtée sous un feu violent de mousqueterie partant des bois et des maisons où l'ennemi était resté embusqué malgré le feu de notre artillerie.

En même temps, 4 compagnies de zouaves, sous les ordres du commandant Jacquot, se trouvaient acculées dans l'angle que forme le parc de la Malmaison, au-dessous de la Jonchère, et auraient pu être très-compromises sans l'énergique intervention du bataillon de Seine-et-Marne, qui est arrivé fort à propos pour les dégager ; ce bataillon s'est porté résolument sur les pentes qui dominent Saint-Cucufa, sa droite appuyée au parc de la Malmaison ; il a ouvert un feu très vif sur l'ennemi qu'il a forcé de reculer et a permis ainsi aux 4 compagnies de zouaves d'entrer dans le parc.

Dès le commencement de l'action, 4 mitrailleuses sous les ordres du capitaine de Grandchamp, et la batterie de 4 du capitaine Nismes, le tout sous la direction du commandant Miribel, s'étaient portées, avec une véritable audace, très en avant, pour soutenir l'action de l'infanterie. Ses positions étaient d'ailleurs très bien choisies, et les résultats obtenus ont été très satisfaisants.

En même temps, les francs-tireurs de la deuxième division, commandés par le capitaine Faure Biguet (colonne Cholleton) se précipitaient sur Buzanval, y entraient et se dirigeaient sous bois vers le bord du ravin de Saint Cucufa.

Vers cinq heures, la nuit arrivant, et le feu ayant cessé partout, j'ai prescrit aux troupes de rentrer dans leurs cantonnements respectifs.

Nous avions eu devant nous, pendant le combat, la neuvième division du cinquième corps prussien, une fraction du quatrième corps et un régiment de la garde Ces troupes ne nous ont opposé qu'une force d'artillerie inférieure à la nôtre.

En résumé, le but a été atteint, c'est-à-dire que nous avons enlevé les premières positions de l'ennemi, que nous l'avons forcé à faire entrer en ligne des forces considérables qui, exposées pendant presque toute l'action au feu formidable de notre artillerie, ont dû éprouver de grandes pertes ; le fait est d'ailleurs constaté par les récits de quelques prisonniers que nous avons pu ramener.

Mais ce que je me plais surtout à reconnaître avec un sentiment de grande satisfaction, c'est l'excellente attitude de nos troupes : zouaves, gardes mobiles, infanterie de ligne, tirailleurs Dumas, francs-tireurs des Ternes, francs tireurs de la ville de Paris, tout le monde a fait son devoir. — Les batteries du commandant Miribel ont poussé l'audace jusqu'à la téméri é, ce qui a amené un incident fâcheux : la batterie de 4 du capitaine Nismes a été surprise tout à coup près de la porte du Longboyeau par une vive fusillade qui, presque à bout portant, a tué le capitaine commandant la compagnie de soutien, 10 canonniers et 15 chevaux ; il en est résulté un instant de désordre pendant lequel deux pièces de 4 sont tombées entre les mains de l'ennemi.

Tel est, Monsieur le gouverneur, succinctement et sauf rectifications ultérieures, le récit de cette affaire du 21. J'aurai l'honneur de vous transmettre plus tard l'état de nos pertes en tués et blessés, qui, je l'espère, sont relativement peu considérables ; je vous ferai connaître, en même temps, les noms de ceux qui se sont particulièrement distingués.

Je dois ajouter que, pendant l'opération principale, la colonne du général Martenot faisait une utile diversion à notre gauche ; un bataillon s'installait à la ferme de la Fouilleuse, et ses tirailleurs poussaient jusqu'aux crêtes, occupant même pendant un instant la redoute de Montretout et les hauteurs de Garches.

A droite, le régiment des dragons, appuyé d'une batterie à cheval, se portait dans la direction de la Seine, entre Argenteuil et Bezons, et canonnait quelques postes ennemis ; la droite de cette colonne de cavalerie se reliait avec les troupes du général de Bellemare, qui était venu prendre position derrière Colombes.

Veuillez agréer, etc.

Signé : général A. Ducrot.

P. S. En terminant, je dois mentionner particulièrement les éclaireurs Franchetti qui avaient été placés dans ces différentes colonnes et qui, comme toujours, se sont montrés aussi dévoués, qu'intelligents et intrépides.

Signé : général A. Ducrot.

Pour copie conforme :

Le général, chef d'état-major général,

Schmitz.

Après la lecture de ce rapport bien complet nous ne saurions trop louer la sincérité et le grand mérite de ce soldat que de basses calomnies avaient tenté de rabaisser après la capitulation de Sedan, en s'échappant de ce désastre après mille dangers, il s'était pourtant exposé aux dures lois de la guerre pour venir mettre son épée au service de Paris qui est en somme la tête de la France. Eh bien ! n'était-ce pas là l'acte d'un grand patriote qui aurait dû effacer bien des hésitations et bien des fautes ?

D'autres opérations militaires ont lieu, mais ce ne sont que des reconnaissances habilement ordonnées par le général Trochu que l'opinion publique juge alors ainsi.

Homme prudent, le Gouverneur de Paris ne livre rien au hasard. Il ne se presse pas, réfléchit, creuse et médite longtemps un plan. Au début, dès le combat de Chatillon, on a crié très fort ; on s'est plaint de voir près de trois cent mille gardes nationales non utilisés par lui, lorsqu'il n'y avait pas encore autour de Paris deux cent mille Prussiens. Le général Trochu resta impassible et froid devant les récriminations du peuple. Il avait ses adeptes comme il avait ses adversaires. Ses amis disaient que des 100,000 mobiles qu'il avait sous la main, mais qui se trouvaient sans vêtements, sans armes et sans instruction militaire, il en avait fait une armée composée de bonnes troupes. Ils ajoutaient que s'il avait envoyé la garde nationale sur le champ de bataille, c'était une boucherie inévitable. Le moyen, en effet, s'écrierait-il, d'envoyer du premier coup au feu des hommes habitués depuis longtemps aux douceurs du foyer !

En présence de ces remontrances, le général Trochu prend le parti d'attendre et de donner ainsi aux gardes nationales le temps de devenir de bons soldats capables de faire leur devoir de citoyen aussi bien que les mobiles des départements. Inspiré, du reste, par sa loyauté et son expérience, le Gouverneur de Paris accepte avec courage la rude mission de la défense de la cité. C'est un homme sage, dit-on dans les groupes qui se forment chaque soir sur les boulevards ou au coin des rues, et il sait trop bien que tout arrive à point à qui sait attendre. Patience donc ! messieurs les impatients.

Tout est poussé avec activité. La fabrication des engins les plus meurtriers se poursuit avec une fièvre sans égale.

Mais, par contre, le rationnement des vivres commence à se faire sentir, bien qu'il s'effectue avec beaucoup de sagesse. Le cheval, le chat et le rat deviennent, vers la fin d'octobre, parties intégrantes de l'allimentation parisienne. Les viandes salées alternent avec les viandes fraiches. La provision de bœufs diminue ; les légumes deviennent rares et les œufs, le beurre, le fromage, la volaille atteignent des prix que l'histoire mentionnera comme des curiosités sans exemple ; le chocolat se maintient toujours et va devenir une nourriture de résistance. Malgré ce commencement de jeûne forcé, chacun est content ; la vieille gaieté française n'a pas encore émigré vers des contrées plus heureuses, le Parisien fait toujours des mots, même au milieu de ses malheurs et de ses privations ; rien ne porte atteinte à son caractère jovial, à sa bonhomie gauloise, pas même l'infortune, car il sait bien que la délivrance ou *son tour* viendra un jour ou l'autre.

Si cependant, par un jour de pluie ou de désœuvrement, la tristesse et le spleen envahirent son être ; il cherche dans le vin qui n'est pas rationné sa gaieté disparue et se console en pensant que le pain ne manquera jamais.

Mais à cette époque déjà, on se serre le ventre, et l'on vit tout de même. Il faut bien faire ce sacrifice pour la Patrie disent les gardes nationaux en partant le matin pour monter leur garde aux bastions des remparts.

Pour faire face à ces préludes des misères du siège, les Bureaux de Bienfaisance fonctionnent avec un zèle qui mérite l'admiration. Les cantines nationales s'établissent et, chaque soir, et chaque matin, les nécessiteux viennent faire la queue munis de pots, de plats et de tasses à la porte de ces établissements de charité. Jamais on ne fit tant de queues que pendant le siège : queue aux boucheries, en ayant soin de représenter la carte délivrée par la mairie de son arrondissement ; queue aux boulangeries ; queue dans les chantiers de bois ; queue dans les magasins de charbons ; queue chez les épiciers pour emporter les dernières provisions de riz ; enfin queue partout où victuailles, il y a, et ce service de queue est loin de réjouir la ménagère de Paris, elle qui ne fit jamais la queue qu'aux guichets des théâtres les jours de grandes représentations, *Rothomago* ou la *Biche au Bois* ! Mais que ces jours là nous paraissent loin, en songeant à nos décombres. Ce sera l'éternel honneur du Parisien, d'avoir su repousser à la fois deux terribles fléaux : la faim et cet autre plus barbare encore : le Prussien...

Vers la fin d'octobre, nous ressentons déjà l'effet qu'ont produit en Province l'éloquence et l'entrain de Gambetta. Les nouvelles arrivent bonnes ou mauvaises, elles sont accueillies avec une joie indicible ainsi qu'un vieil ami qu'on aurait pas vu depuis longtemps. Cependant lorsqu'elles nous parviennent, on les commente et on se méfie un peu de leur origine, surtout depuis que le Général Prussien, établi à Versailles, a ordonné la publication du *Nouvelliste* de cette ville Inutile de dire que cette feuille est entièrement consacrée aux bruits à sensation qui ne cessent de répandre traitreusement l'ennemi pour semer parmi nous la terreur et la discorde. La guerre civile à Paris est pour l'allemand un atout de plus dont il voudrait enrichir son jeu jusqu'à présent si heureux. Néanmoins on se tient sur ses gardes et l'on veille si bien que l'exagération s'en mêle ; on voit alors dans les rues de Paris des espions partout ; des lampes allumées brillant à un cinquième étage sont prises pour des signaux par la garde nationale qui monte dans les maisons sans aucun droit, et viole parfois ainsi le domicile d'une honnête ouvrière qui travaille bien tranquillement, entourée de ses enfants, et ne pense nullememement a faire savoir aux Prussiens, au moyen de sa lumière, si Paris dort ou s'il se livre à une danse macabre.

On arme toujours ; les trottoirs de la Capitale, les places publiques, les esplanades, les quais, les avenues, les carrefours sont envahis par des citoyens qui se livrent matin et soir aux exercices militaires.

Pas un pouce de terrain ! Pas une pierre de nos forteresses est sans cesse la devise sublime du Français qui préfère la mort au deshonneur ! au milieu de cet élan patriotique que rien ne ralentit, arrive une dépêche du Gouvernement de la Province, datée de Tours, 26 octobre, loin d'affaiblir l'ardeur guerrière, loin d'abattre l'héroïsme, cette nouvelle exalte les cœurs et les rend confiants en l'avenir. Gambetta devient le héros du jour.

—

A Monsieur Jules Favre, à Paris.

Dans la journée du 18 octobre, la ville de Châteaudun (Eure et Loir) a été assaillie par un corps de 5,000 Prussiens. L'attaque a commencé à midi sur tout le périmètre de la ville, dont les rues intérieures étaient barricadées. La résistance s'est prolongee jusqu'à neuf heures et demie du soir. Les francs-tireurs de Paris, la garde nationale de Châteaudun ont rivalisé de courage et d'énergie A un moment, la place de la ville était couverte de cadavres prussiens ; on estime les pertes de l'ennemi à plus de 1.800 hommes.

La ville n'a pas été occupée, elle a été bombardée, incendiée, et les Prussiens ne se sont établis que sur des ruines. L'incendie dure encore.

Ces détails ont été rapportés par M. de Tevenon, receveur des postes, qui a brillamment fait son devoir de citoyen.

Le commandant de la garde sédentaire, M. Testanières, a été tué à la tête de son bataillon.

La résistance de Châteaudun, ville ouverte peut être mise à côté des pages les plus héroïques de notre histoire.

La délégation du Gouvernement ouvre un crédit pour subvenir aux besoins des familles de Châteaudun. Le décret porte que cette noble petite cité a bien mérité de la patrie.

LÉON GAMBETTA.

—

Toutes ces fières cités, sanctuaire divin de l'honneur et de la vaillance, ont beau succomber sous le nombre ou sous la fatalité, on ne demande qu'à marcher ; on a soif de vengeance ; on a soif de sang. Il faut imiter ses frères d'armes! Après Toul, Strasbourg, après Strasbourg, Châteaudun ! Trois étapes glorieuses, après tout ! Eh, mon Dieu, on est résolu d'aller jusqu'au bout ; après Paris notre dernier mot ne sera peut être pas dit ; le patriotisme français le veut ainsi et en attendant on va, chaque jour, déposer au pied de la belle statue de Strasbourg qui orne la place de la Concorde de notre capitale, (quelle ironie !) de pieux témoignages d'admiration et de reconnaissance. Ce monument est jonché de fleurs, de couronnes d'immortelles, de lauriers et de drapeaux tricolores. On doit couler cette statue en bronze lorsque les beaux jours de la Paix reviendront. Le décret a paru, c'est là sans doute, une insigne récompense mais bien insuffisante en raison du dévouement et de la résistance dont Strasbourg a fait preuve, pendant de longs jours.

L'œuvre de la défense de Paris continue sa marche. D'après des renseignements certains sur les travaux et les mouvements de l'ennemi : le mont Valérien, la batterie Mortemart, les bastions 63 et 64 de l'enceinte couvrent de feux Brimborion et l'orangerie de St-Cloud (retranchements Prussiens) : Sur ce dernier point, des Allemands, en grand nombre, prennent la fuite en tous sens.

Les forts d'Issy et de Vanves tirent de leur côté, sur des travailleurs ennemis vers la Tour des Anglais et le moulin de Châtillon, et les forcent ainsi à abandonner la place.

Sur ces entrefaits, le Parti radico-socialiste ou pour mieux nous exprimer, le Parti de la Commune qui s'était tenu coi pendant quelques jours, commence de nouveau de grandes et de petites taquineries. Les journaux *Le Combat*, rédacteur en chef Felix Pyat, *La Patrie en Danger*, rédacteur en chef Blanqui, entravent la marche du Gouvernement de la Défense.

Tout s'était calmé un moment, lorsque la note suivante met le feu aux poudres et devient le point de départ d'une petite Révolution qui aurait pu avoir de tristes conséquences, en face de l'ennemi, si le Gouvernement n'en avait eu raison. (N'oubliez pas, lecteurs, que je retrace ici le sentiment public d'alors). Voici quelle était la note du journal, *Le Combat* qui se trouvait encadré de noir : le Plan de Bazaine, fait vrai, sûr et certain que le Gouvernement de la Défense nationale retient par devers lui comme un secret d'Etat et que nous dénonçons à l'indignation de la France comme une haute trahison :

Le maréchal Bazaine a envoyé un colonel au camp du roi de Prusse pour traiter de la reddition de Metz et de la paix au nom de S. M. l'Empereur Napoléon III.

Cette note produit aussitôt une vive émotion sur l'esprit des Parisiens, après avoir été manifesté chez le Gouverneur, les citoyens, en nombre considérable, vont au bureau du *Combat* pour demander à Félix Pyat la provenance de la grave nouvelle qu'il vient de publier.

Ce rédacteur étant sorti, un employé du journal répond :

— Croyez bien que nous ne lançons pas de canards ; nous avons les preuves du fait avancé.

— Mais alors, répliquent les gardes nationaux, faites-les voir.

— Je ne les fournirais qu'au Gouvernement, dit le secrétaire de la rédaction.

Deux gardes sont alors désignés pour accompagner le représentant de Félix Pyat à l'Hôtel de ville.

Jules Ferry et Henry Rochefort reçoivent les délégués, et après avoir eu connaissance du fait, ils démentent énergiquement la nouvelle et ajoutent qu'ils ignorent ce que fait Bazaine et que, du reste, la religion du rédacteur du *Combat* a été surpris.

Félix Pyat prétend toujours connaître la nouvelle depuis 2 jours.

Cette nouvelle, une fois lancée, devient l'objet de tous les colloques. Des groupes nombreux se forment sur les boulevards et on se demande si cette reddition de Metz est vraie. On se refuse à y croire et l'on est si bien pénétré de cette pensée que Bazaine doit opérer une sortie furieuse pour débloquer Paris que le journal *Le Combat* et sa note funèbre sont voués à tous les diables vengeurs, on s'indigne et on fait alors dans les bureaux de vente une razzia des numéros non vendus qu'on livre aux flammes.

Après cette alerte, le calme ne revient pas, mis en demeure de faire connaître la source où il a puisé la nouvelle que l'on sait, Félix Pyat déclare que c'est le citoyen Flourens qui le lui a communiqué, et il ajoute que Rochefort en a informé celui-ci. Aussitôt Flourens réplique. Il dit tenir cette nouvelle d'un membre du Gouvernement, mais il affirme que ce n'est pas le citoyen Rochefort qui le lui a livrée.

Sur ces entrefaits, se passent deux affaires importantes au Bourget qui, jointes à la reddition de Metz devenant quelques jo plus tard un fait accompli, vont produire une grande agitation sur l'esprit de la population Parisienne.

PRISE DU BOURGET PAR LES FRANCS-TIREURS DE LA PRESSE.

Le 28 octobre, au matin, le général de Bellemare fait exécuter une surprise sur le Bourget par le corps des francs-tireurs de la Presse. Après une fusillade des mieux nourries qui dure à peu près trois-quarts d'heure, les Prussiens sont délogés des maisons du village et complètement refoulés vers le Pont Iblon. Malgré des forces importantes d'infanterie et les 30 pièces d'artillerie qui, dans la journée, bombardent le Bourget, nos francs tireurs tiennent bon, et à la fin de la journée, l'ennemi se replie de nouveau. Nous sommes maîtres du village et nos tirailleurs veillent au grain.

Les troupes cantonnent au Bourget qu'elles mettent en état de défense. Drancy est également occupé. Les Prussiens nous laissent des prisonniers, des sacs et des armes.

Cette prise du Bourget encourage nos troupes et remet l'esprit de l'inquiétude qui avait couru dans tous les cœurs à la nouvelle de la reddition de Metz.

On annonce le retour de M. Thiers qui était parti en mission auprès des puissances étrangères : l'Angleterre, la Russie, l'Autriche et l'Italie. Des bruits d'armistice circulent, mais ils sont accueillis avec dédain, on ne veut pas de négociations ni des bons offices de nos voisins. La lutte à outrance, tel est le cri général, tel est le cri suprême.

Reprise du Bourget par les Prussiens.

On se calme pourtant et l'on oublie la fatale nouvelle de Metz lorsque ces mots traversent Paris : Les Prussiens ont repris le Bourget. Aussitôt on crie à l'incurie ! à l'incapacité ! à la trahison ! on devait fortifier cette position et la conserver. Comment ! on n'y a donc pas mis de l'artillerie; et cependant on attachait beaucoup de prix à ce village. Il ne fallait pas le prendre alors ! A quoi servent tant de victimes !

On se répand ainsi en imprécations contre le Gouvernement, quand la reddition de Metz est officiellement annoncée. En effet, on affiche que Bazaine a capitulé et que le 27 octobre, les Prussiens ont défilé dans Metz.

Ces deux nouvelles arrivées coup sur coup font naître le tumulte et Paris, découragé, se voit perdu. Il comprend que l'armée allemande forte de 200,000 hommes, laquelle bloquait Metz, va accourir sous ses murs. Néanmoins des esprits exaltés acclament la guerre à outrance.

La reprise du Bourget est également officiellement connue

Le 30 octobre, au matin, des masses d'infanterie prussienne composées de 15,000 hommes se présentent de front, dans le Bourget appuyées par une nombreuse artillerie. Pendant ce mouvement des colonnes prussiennes tournent le village venant de Dugny et de Blanc-Ménil. Un certain nombre d'hommes qui étaient dans la partie nord du Bourget se trouvent ainsi coupés du corps principal et sont restés entre les mains de l'ennemi.

Le village de Drancy, occupé par nous pendant une journée, ne se trouvait plus appuyé à sa gauche et, le temps ayant manqué pour le mettre en état de défenso, l'évacuation en est ordonnée.

C'est dans ce combat du Bourget. que M. Ernest Baroche, commandant du 14e bataillon de mobiles, fils de l'ancien ministre, a préféré une mort glorieuse à la reddition de son épée.

Cette reprise du Bourget ainsi que la nouvelle officielle de la reddition de Metz mettent le comble à la consternation et à la fureur de la population parisienne. Le Parti Radical en profite pour jeter le désarroi parmi le Gouvernement en faisant un appel aux armes.

La Commune fait afficher dans Paris sur papier *rouge* une proclamation tendant à la déchéance du Gouvernement du 4 septembre et déclare celui-ci traître à la Patrie.

Paris ne se laisse pas beaucoup émouvoir à la lecture de ce document ni au manifeste révolutionnaire que M. Delescluse publie au même moment dans son journal *Le Rèveil*. Cependant, deux affiches de l'hôtel de ville placardées on ne sait pourquoi, l'une auprès de l'autre, fait déborder la colère d'un grand nombre de citoyens. Les voici !

« M. Thiers est arrivé aujourd'hui à Paris ; il s'est transporté sur-le-champ au ministère des affaires étrangères.

» Il a rendu compte au Gouvernement de sa mission. Grâce à la forte impression produite en Europe par la résistance de Paris, quatre grandes puissances neutres, l'Angleterre, la Russie, l'Autriche et l'Italie, se sont ralliées à une idée commune.

» Elles proposent aux belligérants un armistice, qui aurait pour objet la convocation d'une assemblée nationale. Il est bien entendu qu'un tel armistice devrait avoir pour conditions le ravitaillement, proportionné à sa durée, et l'élection de l'assemblée par le pays tout entier.

« *Le ministre des affaires étrangères chargé par intérim du ministère de l'intérieur,*

» JULES FAVRE. »

« Le Gouvernement vient d'apprendre la douloureuse nouvelle de la reddition de Metz. Le maréchal Bazaine et son armée ont dû se rendre après d'héroïques efforts, que le manque de vivres et de munitions ne leur permettait plus de continuer. Ils sont prisonniers de guerre.

» Cette cruelle issue d'une lutte de près de trois mois causera dans toute la France une profonde et pénible émotion. Mais elle n'abattra pas notre courage. Pleine de reconnaissance pour les braves soldats, pour la généreuse population qui ont combattu pied à pied pour la patrie, la ville de Paris voudra être digne d'eux. Elle sera soutenue par leur exemple et par l'espoir de les venger. »

Journée du 31 Octobre.

Les malédictions du peuple contre le Comité de défense ne connaissent alors plus de bornes et des groupes nombreux prennent le parti suprême d'aller au Louvre demander des explications au Gouverneur. De là, la foule se porte vers l'hôtel-de-ville. De cris se font entendre aussitôt sur la place : Vive la Commune ! des armes ! à bas Trochu ! pas d'armistice.

A ce moment, la pluie commence à tomber et l'on pense que la manifestation se limitera à de simples clameurs. Mais, vers une heure, des compagnies de la garde

Journée du 31 Octobre.

Les malédictions du peuple contre le Comité de défense ne connaissent alors plus de bornes et des groupes nombreux prennent le parti suprême d'aller au Louvre demander des explications au Gouverneur. De là, la foule se porte vers l'hôtel-de-ville. Des cris se font entendre aussitôt sur la place : Vive la Commune ! des armes ! à bas Trochu ! pas d'armistice.

A ce moment, la pluie commence à tomber et l'on pense que la manifestation se limitera à de simples clameurs. Mais, vers une heure, des compagnies de la garde nationale, bravant l'inclémence de la saison, arrivent et s'alignent devant la façade de l'hôtel-de-ville. Les vociférations recommencent. M. Etienne Arago, maire de Paris, essaye de calmer la foule : c'est peine inutile, car elle est trop exaspérée. M. Floquet, adjoint, prend ensuite la parole, mais avec plus de succès :

« Citoyens, il faut agir, le temps des » atermoiements est passé. La municipalité » de Paris est disposée à se retremper dans » le suffrage universel. Vive la République ! »

La foule crie Vive la République ! et cherche à pénétrer dans l'intérieur de l'Hôtel-de-Ville où siègent les membres du Gouvernement de la Défense. A 2 heures, les masses populaires parviennent à s'introduire dans la cour en déployant un étendard sur lequel sont inscrits ces mots : Résistance à mort ! Pas d'Armistice !

Le général Trochu, placé en haut de l'escalier d'honneur et entouré d'un bataillon de mobiles bretons, harangue le peuple de la manière suivante :

« Voulez-vous entendre un homme qui a
» voué sa vie à la défense de la Patrie ?

» Que demandez-vous ? Nous croyons
» avoir fait le possible et réparé déjà en
» grande partie les fautes impardonnables
» du Gouvernement déchu.

» Quand nous sommes arrivés au Gouver-
» nement, l'état de Paris était tel que l'en-
» nemi eût pu s'en rendre maître en qua-
» rante-huit heures.

» A l'heure qu'il est, nous pouvons le dire
» avec certitude, la ville de Paris est im-
» prenable.

» Mais il ne suffit pas que l'ennemi n'en-
» tre pas ; il faut le chasser, le battre. Pour
» cela, nous avons besoin non-seulement de
» toutes vos forces et de votre patriotisme
» réunis, il faut encore l'union de tous....

» Nous faisons, sachez-le bien, les plus
» grands efforts, les plus énergiques efforts,
» nous transformons sans relâche les vieilles
» armes en armes à tir rapide.

» J'y passe ma vie !

» Nul plus que moi n'est dévoué au salut
» commun et nul ne veut davantage une
» guerre sans merci, une guerre à outrance. »

Ce discours est peu goûté des envahisseurs qui continuent à crier : à bas Trochu ! à bas le traître ! Jules Simon tente d'apaiser la violence des assaillants, mais il n'y réussit point. Tout à coup un coup de feu part du milieu de la place et la balle va se loger, en traversant un carreau, dans un mur situé à quelques distances de Trochu. La mobile bretonne arme le chassepot C'est alors que le tumulte grandit et que le peuple envahit complètement, cette fois, l'Hotel-de-Ville en passant par la porte du milieu, dite Porte Henri IV à cause de la statue de ce nom qui la surmonte.

Vive la Commune ! s'écrie la foule pendant que dans la salle du conseil les maires des vingt arrondissements prennent cette délibération :

Pas d'armistice ! Le citoyen Dorian est nommé président du gouvernement provisoire de la Défense nationale. Les élections de la Commune auront lieu dans 48 heures. Ce gouvernement se compose de 7 membres : Dorian, Louis Blanc, Félix Pyat, V. Hugo, Blanqui, Flourens, Delescluze.

Après la séance, la salle du conseil elle-même est envahie. Des carrés de papier portant les noms des 7 membres qui composent le Provisoire, sont lancés par les fenêtres à la foule stationnée sur la place. On acclame ces noms, mais le désordre recommence ; on brise les chaises de la salle du Conseil, on monte sur les tables en souvenir sans doute de Camille Desmoulins ; on se bouscule et il devient impossible aux orateurs de se faire entendre.

Sur ces entrefaites, une autre bande s'introduit du dehors dans la salle du Trône. Là, on finit par se faire comprendre, malgré les mêmes scènes de tumulte. On propose alors les résolutions suivantes :

Levée en masse, refus d'armistice.

Incapacité et déchéance du Gouvernement.

Avènement immédiat de la Commune révolutionnaire.

Les trois propositions sont jugées et acceptées, et l'on demande l'élection des sept membres qui doivent prendre la direction des affaires.

A cet instant, le tohu bohu va crescendo, lorsque des cris se font entendre : A bas Rochefort ! dit la foule. Il est du Gouvernement, nous ne voulons pas plus de lui que des autres ! c'est un comte ! le comte Henri de Rochefort de Luçay ! A bas l'aristocrate !...

M. Rochefort tient immédiatement à se disculper : « Citoyens, dit-il, comme vous je désire la Commune. Je me sépare du comité de Défense nationale ; je ne connais pas le citoyen Thiers et je suis étranger aux démarches faites par lui auprès des puissances en vue d'un armistice. »

A bas Rochefort ! A bas Thiers ! répond-t-on de toutes parts.

Visiblement ému, l'auteur de *la Lanterne* se tient coi et laisse passer le flot populaire. Après quoi, la liste suivante est mise sous les yeux des envahisseurs :

Dorian, Blanqui, Delescluze, Louis Blanc, Pyat, Bonvalet, Ledru-Rollin, Schœlcher, Joigneaux, Verdure, Greppo, Martin-Bernard.

Les protestations vont de plus belle. Vers quatre heures, Trochu se montre de nouveau : il est accueilli par les huées des émeutiers.

A bas Trochu ! A bas les incapables ! Qu'as-tu fait du Bourget ? A bas Trochu ! A bas le Gouvernement. Celui-ci, à ces apostrophes change de physionomie et se retire dans le *salon du Gouvernement.*

Dans cette pièce, se trouvent déjà assis autour d'une table MM. Jules Favre, Garnier-Pagès, Jules Simon et Jules Ferry.

La foule y suit bientôt le général Trochu et interpelle les membres du Gouvernement dont il demande à grands cris la démission, sans délai.

Jules Favre veut prendre la parole : Vous voulez, dit il, détruire ce que vous avez fait le 4 septembre, vous représentez la violence...

Il ne peut continuer, car on le menace.

Arrivent alors Vermorel, Chassin, Martin Bernard, Jules Lefrançais lesquels réclament énergiquement la Commune et les élections municipales.

M. Dorian, nommé Président du Gouvernement Provisoire par le parti de la Commune, déclare qu'il veut rester simplement ministre des travaux publics ; qu'il désire ainsi continuer à armer la nation ; mais qu'il se refuse à accepter le périlleux honneur qu'on lui propose

Le citoyen Dorian est maintenu quand même sur la liste. Au milieu de ce brouhaha, Garnier-Pagès s'évanouit, après avoir commencé en vain à donner au peuple une leçon d'expérience politique en faisant l'historique des trois révolutions qu'il a traversées !

Pas de cours d'histoire, ici, réplique la foule.

Quand l'ordre se rétablit peu à peu, le major Flourens qui fait une entrée solennelle en costume de colonel de la garde nationale avec bottes vernies à l'écuyère, monte sur une table. Toujours la façon de Camille Desmoulins, et propose aux envahisseurs la liste suivante :

Naturellement, il se met en première ligne !

Flourens, Viat, Rauvier, Mottu, Blanqui, Avrial, Delescluze, Louis Blanc, Millière, V. Hugo, Rochefort.

Ce dernier nom suscite de nouvelles scènes de désordre.

Les mots de Arrestation ! Vive la Commune ! se font toujours entendre. Flourens fait alors connaître que l'Hôtel-de-Ville est gardé et que les membres du Gouvernement n'échapperont point au peuple.

Cependant un quiproquo s'élève. Les officers de la mobile et de la garde nationale interprètent confusément le mot : arrestation. Les uns pensent qu'il faut garder à vue les membres du Gouvernement; les autres comprennent qu'au contraire il faut arrêter les membres du Comité de Salut public.

En somme, les gardes nationaux ignorent le but de leur présence. Cette confusion arrête heureusement toute effusion de sang et ils s'abstiennent de toute collision en évacuant peu à peu l'Hôtel de-Ville. La transmission des ordres des chefs de parti de la Commune ne se faisant pas avec régularité, les membres du Gouvernement de la Défense nationale se sentent de plus en plus en sécurité. En effet, le soir, vers neuf heures, le 106e bataillon, sous le commandement de M. Ibos, pénètre dans l'Hôtel-de-Ville, mais pour en chasser les bataillons de la Commune et délivrer ainsi le Gouvernement. C'est à ce moment que Trochu put, à la faveur du 106e bataillon qui le protégeait contre le 228e, commandant Tibaldi, disparaître par une porte dérobée en costume de simple garde national.

Le 106e procède ensuite au désarmement des milices de la Commune qui s'effectue sans résistance. Le commandant Tibaldi est alors obligé de reconduire sans armes et dans son quartier respectif le bataillon qu'il commande, et cela, en passant par la place de l'Hôtel-de-Ville au milieu des compagnies de gardes nationaux restées à l'extérieur. Celles-ci étant venues pour la plupart pour protéger le mouvement de la Commune, ne peuvent s'expliquer cette retraite de Tibaldi.

Après avoir délivré le Gouvernement, la garde nationale, les mobiles bretons dispersent complètement les bataillons de Flourens qui se trouvent encore dans l'Hôtel-de-

Ville. Les communeux s'en vont emportant une *veste* de plus.

Nous voyons d'ici le lecteur se demander, après ce récit, qui a pu opérer ainsi, pendant tous ces désordres, la délivrance des membres du Gouvernement de la Défense nationale ? Eh bien ! ce fut Ernest Picard. Seul, il put parvenir à s'échapper de l'Hôtel-de-Ville par des galeries souterraines et accourir à temps a son ministère des finances pour donner des ordres, faire battre la générale dans tous les quartiers de la Cité. Convoquant ainsi les bataillons de la garde nationale, il les faisait marcher sur l'Hôtel-de-Ville et les légions de la Commune, croyant à l'arrivée de renforts, n'offraient aucune résistance et ne se méfiaient de rien.

A quatre heures du matin, l'ordre renaît, la place est nettoyée, et Trochu, suivi de son état-major, défile devant le front des bataillons de la garde nationale et des mobiles, et adresse à ses libérateurs les paroles suivantes :

— « Citoyens, je vous remercie du cœur » d'être venu concourir à notre délivrance.

» Comme vous, citoyens, je n'ai qu'un » seul but sauver la République en sauvant » la France ! Dans 48 heures, vous vous » réunirez dans vos comices pour élire les » premiers magistrats de Paris.

» Soyons toujours unis et rallions-nous » au cri de Vive la France !... »

La Commune vaincue et conspuée, les bons citoyens ainsi que le Gouvernement reviennent consacrer tous leurs efforts à la défense de Paris. Plus de révolution devant l'ennemi ! tel est le sentiment général.

—

Plébiscite du 3 Novembre.

Cependant, fatigués des mouvements révolutionnaires de la Commune, les membres du Gouvernement prennent la détermination de légaliser leurs pouvoirs au moyen du suffrage universel. Ils pensent ainsi couper court aux reproches quotidiens des journaux du Parti avancé qui ne cessent de lui répéter que le 4 septembre, ils ont escamoté le pouvoir d'une façon indigne. Du reste, le Gouvernement vient d'apprendre par la grande scène du 31 octobre que les pouvoirs de fait n'ont d'autorité qu'à la condition d'être parfait et de réussir. A cet effet, et pour ne pas donner un pendant à ce mouvement du 31 octobre où une majorité d'honnêtes gens a triomphé d'une minorité d'hommes ambitieux et violents, le Comité de Défense nationale convoque les électeurs pour le jeudi 3 novembre à l'effet de se prononcer d'une manière définitive sur la question suivante : la population de Paris maintient-elle, *oui* ou *non*, les pouvoirs du Gouvernement de la Défense nationale ?

Le même jour, le Gouvernement révoque les chefs de bataillon dont les noms suivent : Flourens, Goupil, Rauvier, Frémicourt, Jaclard, Cyrille, Levraud, Millière.

La population et l'armée qui savent bien que *oui*, c'est l'ordre dans la rue, la paix dans nos foyers, le succès de la défense, n'hésitent pas à ratifier les mandats des membres du Gouvernement en les maintenant à l'Hôtel de-Ville avec une majorité de 557,996 voix contre 62,638.

Ce résultat imposant prouve bien que le peuple est essentiellement conservateur et qu'il repousse à tous prix les meneurs d'émeute.

Le même jour, le Gouvernement révoque les chefs de bataillon dont les noms suivent : Flourens, Goupil, Rauvier, Frémicourt, Jaclard, Cyrille, Levraud, Millière.

La population et l'armée qui savent bien que *oui*, c'est l'ordre dans la rue, la paix dans nos foyers, le succès de la défense, n'hésitent pas à ratifier les mandats des membres du Gouvernement en les maintenant à l'Hôtel de-Ville avec une majorité de 557,996 voix contre 62,638.

Ce résultat imposant prouve bien que le peuple est essentiellement conservateur et qu'il repousse à tous prix les meneurs d'émeute.

Après le plébiscite du 3 novembre et comme pour mieux rassoir encore son autorité, le Gouvernement rend à Paris le droit de nommer des maires à l'élection; les maires vont donc enfin être nommés par le suffrage de leurs concitoyens, s'écrie-t-on avec joie !...

Ces élections ont lieu le 5 novembre, et la population parisienne acclame comme maires de Paris : Tenaille Saligny, Tirard, Bonvalet, Vautram, Vacherot, Herisson, Arnaud de l'Ariége, Carnot, Desmarest, Dubail, Mottu, Grivot, Pernolet, Asséline, Corbon, Henri Martin, François Favre, Clémenceau, Delescluze, Ranvier

A la suite de ces suffrages qui sont pour le Gouvernement une éclatante revanche du 31 octobre et un démenti énergique donné au parti ultra révolutionnaire, les membres du Comité de Défense adressent à la population de Paris cette proclamation pour la remercier du témoignage de confiance qu'elle leur a prodiguée en des circonstances difficiles :

Citoyens,

Nous avons fait appel à vos suffrages.

Vous nous répondez par une éclatante majorité.

Vous nous ordonnez de rester au poste de péril que nous avait assigné la révolution du 4 septembre.

Nous y restons avec la force qui vient de vous, avec le sentiment des grands devoirs que votre confiance nous impose.

Le premier est celui de la défense. Elle a été, elle continuera d'être l'objet de notre préoccupation exclusive.

Tous, nous serons unis dans le grand effort qu'elle exige : à notre brave armée, à notre vaillante mobile, se joindront les bataillons de garde nationale frémissant d'une généreuse impatience.

Que le vote d'aujourd'hui consacre notre union. Désormais c'est l'autorité de votre suffrage que nous avons à faire respecter, et nous sommes résolus à y mettre toute notre énergie.

Donnant au monde le spectacle nouveau d'une ville assiégée dans laquelle règne la liberté la plus illimitée, nous ne souffrirons pas qu'une minorité porte atteinte aux droits de la majorité, brave les lois et devienne par la sédition, l'auxiliaire de la Prusse.

La garde nationale ne peut incessamment être arrachée aux remparts pour contenir ces mouvements criminels. Nous mettrons notre honneur à les prévenir par la sévère exécution des lois.

Habitants et défenseurs de Paris, votre sort est entre vos mains. Votre attitude depuis le commencement du siége a montré ce que valent des citoyens dignes de la liberté. Achevez votre œuvre ; pour nous

nous ne demandons d'autre récompense que d'être les premiers au danger et de mériter par notre dévouement d'y avoir été maintenus par votre volonté.

Vive la République ! vive la France !

Général Trochu, Jules Favre, Emmanuel Arago, Jules Ferry, Garnier-Pagès, E. Pelletan, Ernest Picard, Jules Simon,

Si le nom de Rochefort ne se trouve pas au bas de ce manifeste, c'est qu'il a donné sa démission après la journée du 31 octobre. Il ne pardonne pas à ses collègues d'avoir retiré le décret des élections relatives à la Commune qu'il avait promises à la foule ameutée et il refuse la conclusion d'un armistice que Thiers est parti proposer au Gouvernement de la Province de la part des puissances étrangères

En sa qualité de Président de la Commission des Barricades, Henri Rochefort repousse toute négociation et demande la lutte à outrance.

Furieux sans doute de leur échec du 31 octobre, quelques membres de la Commune *avortée* communiquent à certains journaux la nouvelle suivante qu'une enquête immédiate déclare complètement fausse.

Paris, 2 novembre 1870. Reçu dépêche de Tours, 31 octobre Le général Cambriels annonce avoir détruit dans les défilés des Vosges un corps de la Landwehr de près de 6,000 hommes. Bonnes nouvelles de Bourbaki ! Signé : Crémieux, Glais Bizoin, Gambetta.

Cette note, pleine de promesses, produit tout à coup sur l'impressionnable population parisienne une très grande sensation, mais le gouvernement de la Défense nationale finit par y reconnaître une indigne manœuvre de la part de ceux qui, sans mandat autre que celui qu'ilsse sont délivré à eux-mêmes, ont eu un moment la prétention ridicule de gouverner la France humiliée. En effet, quelques représentants de l'ex-commune avaient profité de leur présence éphémère à l'Hôtel-de Ville pour y dérober *du papier avec en tête du gouvernement de la Défense nationale*, et c'est au moyen de ce subterfuge qu'ils avaient pu surprendre frauduleusement la bonne foi des journalistes de Paris qui, naïvement, avaient répandu cette fausse nouvelle dans leurs gazettes. Nous avons, avec intention, raconté ce petit incident pour montrer que les gouvernements nés de l'émeute et de l'illégalité ne reculent devant rien, même devant les manœuvres indignes d'un pouvoir quelconque, pour asseoir une autorité que personne ne veut légitimer et semer des idées de terreur. Voilà pourtant quelle a été la politique de ces gens-là penpendant le siège de Paris,

Quelques jours après cette grotesque échauffourée du 31 octobre, des bruits d'armistice se répandent dans Paris, mais les hommes réfléchis y comptent peu, car l'on pense avec raison que le mouvement insurrectionnel qui vient de se produire inspirera peu de confiance à nos ennemis insatiables, cependant les détails d'une entrevue qui vient d'avoir lieu au Pont de Sèvres (route de Versailles) avec Thiers et Jules Favre, transpirent dans la capitale. Thiers est de retour de son grand voyage en Europe où il a été rendre visite aux quatre puissances neutres : l'Angleterre, la Russie, l'Autriche et l'Italie Tout le monde est persuadé à ce moment que nos deux chargés d'affaires stipulent avec le quartier-général Prussien les bases d'un armistice. Les espérances des assiégés vont leur train, les illusions naissent tout à coup dans le cœur saignant des Parisiens, mais, ô cruelle déception ! le 6 novembre, les victimes du blocus lisent dans le *Journal officiel*, ces lignes :

« Pas d'armistice ! les quatre grandes » puissances neutres, l'Angleterre, la » Russie, l'Autriche et l'Italie avaient pris » l'initiative d'une proposition d'armistice » à l'effet de faire élire une Assemblée na- » tionale.

» Le gouvernement de la défense natio- » nale avait posé des conditions, qui » étaient : le ravitaillement de Paris et le » vote pour l'Assemblée nationale par toutes » les populations françaises. La Prusse a » expressément repoussé la condition du » ravitaillementelle ; n'a d'ailleurs admis » qu'avec des réserves le vote de l'Alsace » et de la Lorraine.

» Le gouvernement de la défense nationale » a décidé à l'unanimité que l'armistice ainsi » compris devait être repoussé. »

Thiers, malgré la profonde expérience des hommes et des affaires qu'il avait acquise dans son passé d'homme d'Etat et la puissante autorité qui s'attache à son illustre nom, ne pouvait réussir devant l'ingratitude de l'Europe.

A ces mots : pas d'armistice : ! les âmes qui s'étaient trop tôt attendries aux premières nouvelles d'une cessation des hostilités rentrent dans leur tristesse et leur deuil des jours de siège ; les larmes que les blanches lueurs d'une délivrance prochaine avaient momentanément séchées reprennent leur cours mais bientôt aussi le courage des citoyens se ranime ; bien que l'on sente que l'on est père, époux ou frère, on comprend bien aussi que l'amour de la patrie doit primer tout autre amour et que c'est une guerre implacable qu'il faut continuer avec la Prusse enorgueillie et barbare.

A cette époque, Paris assiégé apprend par la voie des gazettes arrivées par l'opération du hasard la mort d'un de ses enfants littérateur distingué. Prosper Mérimée serait décédé à Cannes dans les premiers jours d'octobre. Cette nouvelle afflige le monde des lettres, car, malgré les funestes événements qui se succèdent dans notre France meurtrie, on se souvient que Mérimée était un écrivain de premier ordre et un conteur charmant. Disons en passant quelques mots de sa biographie.

Après avoir obtenu des succès à la faculté de droit, Mérimée fut aussitôt nommé secrétaire du comte d'Argont, ministre sous Louis-Philippe. Bien que mêlé aux affaires publiques, il s'occupait déjà beaucoup de littérature et en 1844, il remplaça Charles Nodier à l'Académie Française. En 1853, il fut nommé sénateur. Le roman, la numismatique et l'histoire furent les terrains féconds qu'exploita ce littérateur accompli dont le goût fut à la hauteur du talent. Ses ouvrages les plus connus sont le théâtre de *Clara Gazul*, *La Jacquerie*, *Colomba*, et la *Chronique de Charles* IX.

—

DÉFENSE DE PARIS. — SES ARMÉES.

La défense de Paris continue toujours avec une activité merveilleuse. Trois armées puissantes sont formées. Les grands commandements sont confiés aux généraux Trochu, Clément Thomas et Ducrot pour les deux premières armées qui se composent elles-mêmes de trois corps, d'une division de cavalerie et de huit divisions d'infanterie lesquelles ont pour chefs Vinoy, Renaut, Exea, Malroy, Maudhuy, Blanchard. Quant à la troisième armée, elle est placée sous le commandement spécial du gouverneur de Paris, général Trochu. Elle se compose de sept divisions d'infanterie et d'une division de cavalerie qui relèvent du commandement du général Soumain, du chef d'état-major Péchin, des généraux d'Argentolle et de la Charrière, du vice-amiral de La Roncière Le Nourry, des généraux de Liniers, de Beauford, Corréard, d'Hugues, du Contin, amiral Pothuau, des généraux de Bernis et Dumoulin. Cette physionomie sommaire des forces militaires de Paris pendant le siège est suffisante pour faire concevoir aussitôt à toute l'héroïque population parisienne les plus grandes espérances de succès et la confiance publique, un instant ébranlée par une troupe infâme d'agitateurs, se trouve raffermie par cette organisation formidable de nos armées de Paris Cette fois, les émeutiers sont vaincus par le gouvernement de la Défense nationale qui fait échec à la Commune en se préparant avec énergie à de nouvelles luttes. Néanmoins, le Comité de Défense ordonne la poursuite des faits qui constituent l'attentat du 31 octobre. Quoique disposés à l'indulgence, les membres du Gouvernement du 4 septembre veulent à tous prix une répression sévère mais juste dans l'intérêt de la Patrie en danger et de la République, et pour éviter de nouvelles menaces contre la paix intérieure si fréquemment troublée jusqu'à présent. Plusieurs arrestations sont opérées et l'instruction judiciaire commence. Les juges y mettent toute la célérité désirable pour contenter une presse hostile à l'ordre de choses établi.

Un article de M. Edmond About.

Il n'y a plus d'Europe ! Tel est le titre de cette œuvre qui a été probablement inspirée par le refus des quatre grandes puissances d'Europe d'intervenir d'une manière effective dans le conflit Franco-prussien. Cet article, admirablement conçu, soulève d'unanimes adhésions. Tout Paris se le passe. Cette page est du reste, si dignement écrite, si fièrement et si logiquement pensée, le cœur du patriote convaincu s'y fait jour avec tant de sincérité et de franchise que je me fais un bien doux plaisir d'en reproduire ici le principal passage que ma mémoire a pu conserver. C'est toujours une bonne fortune que la lecture d'un article de M. About, quelque court qu'il soit :

— « La France croyait à l'Europe et » comptait dans une certaine mesure, sur » les sympathies européennes. Nous n'ad- » mirions pas aveuglément toutes les pages « de notre histoire, nous savions bien que » la France n'a pas toujours été le soldat » de Dieu, qu'elle a fait le bien et le mal » tour à tour, pêle-mêle, sous l'impulsion » d'un tempérament bizarre, qui embrasse » avec la même ardeur le juste et l'injuste, » mais nous ne croyions pas nous flatter » en disant : La Nation française est plutôt » bonne que mauvaise, elle a des qualités » aimables et estimables ; nous sommes » gais, avenants, hospitaliers, généreux, » sincères, reconnaissants et sans rancune. » Nous sentions bien un peu que les dix » huit années du second empire avaient » indisposé quelques pays d'Europe contre » nous ; nous avions vu Napoléon III, » comme un semeur d'ivraie, mériter tour » à tour la haine des Romains, des Russes,

» des Autrichiens, des Américains du Nord;
» mais tous ces griefs politiques dont nous
» n'étions responsables qu'à moitié, sem-
» blaient effacés d'un seul coup par l'em-
» brassade universelle de 1867. D'ailleurs,
» n'était-ce pas donner satisfaction à tous
» les anciens ennemis de l'empire que de
» rompre avec la funeste dynastie des
» Bonaparte ?

» Sincèrement, cordialement, nous aimions
» la famille européenne et nous pensions
» qu'elle ne nous haïssait point. Nous en som-
» mes après tout, de cette famille ; nous
» en serons toujours, quoi qu'il arrive, et
» nous n'en serons jamais les derniers. Nos
» qualités d'esprit et nos défauts eux-
» mêmes nous assignent un rôle que nous
» avons joué bien ou mal, mais que nous
» seuls pouvons remplir Dans les sciences,
» dans les lettres, dans les arts et dans l'in-
» dustrie, *on ne remplacerait pas la France,*
» *si la France pouvait périr. Qne serait*
» *l'Europe sans nous ?, Une Amérique inférieure*
» *à l'Amérique.*

» Voilà pourquoi nous ne pouvons pas
» croire à la haine, ni même à l'indiffé-
» rence de l'Europe. Voilà pourquoi l'aban-
» don dédaigneux de l'Angleterre, de la
» Russie, de l'Autriche et de l'Italie, nous
» a profondément navrés lorsque nous en
» avons reçu la preuve officielle. »

Ce langage est si beau, il est tellement l'expression de nos idées françaises qu'on reste anéanti sous le charme enivrant qu'il fait naître et que la plume vous glisse des doigts !

Le gouvernement se décide à être purement militaire, à maintenir l'ordre et la tranquillité, à combattre les Prussiens et à ne plus faire de la politique d'opinion Chassons les Prussiens, nous verrons après, tel est le sentiment général. Les rapports militaires qui chômaient depuis le four des insurgés du 31 octobre arrivent et on est bien aise de savoir enfin qu'après 10 jours écoulés, on daigne secouer sans trève le sang allemand. En effet, à la date du 7 novembre, le comité de défense annonce que l'ennemi est inquiété jour et nuit dans ses positions. Dans ce but, Bicêtre, les Hautes-Bruyères, Vanves, le Mont-Valérien et le 6e secteur se concertent pour empêcher les travaux de l'ennemi à Montretout et atteindre les réserves jusqu'a Garches et Ville-D'Avray. D'un autre côté, des renseignements certains font connaitre que le feu des forts cause à l'ennemi, en un seul jour, dans le village du Bourget, une perte de 36 officiers et de 400 hommes ; ordre est alors donné immédiatement de concentrer de nouveau les feux sur ce point.

Le décret de mobilisation de la garde nationale paraît au *Journal officiel*. Désormais ce corps se divise en cinq catégories, 1° volontaires de tout âge. 2° célibataires ou vœufs sans enfants de 20 à 35 ans. 3° célibataires ou vœufs sans enfants de 35 à 45. 4° hommes mariés ou pères de famille de 20 à 35 5° hommes mariés ou pères de famille de 35 à 45 Chaque bataillon se compose, suivant son effectif, de huit à dix compagnies. Les quatre premières compagnies, dites *compagnies de guerre*, doivent avoir chacune un effectif de 100 hommes, cadre compris dans les bataillons ayant plus de 1200 Ces compagnies sont fournies par des hommes valides suivant l'ordre des catégories.

Cette nouvelle organisation de la garde nationale appelle la cité tout entière sous les armes, et chaque citoyen se fait un devoir de répondre à la voix de la patrie en danger. Tous s'inscrivent à l'envi, tous s'enrôlent et aussitôt la réception des effets d'équipement, on se prépare à aller aux avant-postes et aux tranchées. On est heureux et fier d'aller dire aux Prussiens un bonjour au chassepot.

Sur ces entrefaites, Jules Favre adresse aux agents diplomatiques de l'Etranger une circulaire relative au rejet par la Prusse de l'armistice proposé par les quatre grandes puissances neutres, l'Angleterre, la Russie, l'Autriche et l'Italie. Il conclut à la convocation immédiate d'une Assemblée nationale, Mais bien que cette idée rencontre une approbation générale ; bien que la presse parisienne soit unanime pour déclarer que c'est le moyen d'en sortir, la réalisation de ce projet présenté par Jules Favre offre toutes sortes de difficultés que la présence des Prussiens sur notre territoire rend de plus en plus compliquées. A cette occasion, l'enfant terrible de la littérature parisienne, le polisson, le malicieux About trouve encore moyen de casser un carreau sur le nez de Jules Favre, lui About qui en a cependant déjà tant cassé autrefois avec le diamant de son esprit ! Il démontre victorieusement que parmi les membres du gouvernement du 4 septembre, notre ministre des affaires étrangères est le seul qui n'ait pas le droit de traiter de la paix avec la Prusse, et, en effet, dans un remarquable article intitulé : *La France et la Phrase !...* que tout Paris a lu et médité, M. About s'attache avec un entrain délicieux à faire triompher cette idée. Jugez plutôt, chers lecteurs, vous verrez ce qu'était cette France, et ce qu'était cette phrase si souvent citée par nous pendant le cours de notre récit :

« Après avoir lu et relu la circulaire de

M. Jules Favre, je n'en ai pu tirer qu'une conclusion, c'est que M. Jules Favre est le seul homme qui ne puisse pas nous servir utilement dans ces tristes circonstances, le seul qui ne puisse en aucun cas signer la paix.

» La France veut la paix, la Prusse veut la paix, toutes les nations la désirent, car la paix est l'état normal des sociétés humaines, et l'on ne fait jamais la guerre que pour aboutir à la paix.

» En tout pays, dans tous les temps, on s'est battu, c'est à dire on a fait d'énormes sacrifices de sang et d'argent, dans l'espoir de vaincre, d'assurer par traité le fruit de la victoire et d'en jouir paisiblement, la gloire et le profit restant acquis au vainqueur pour un certain nombre d'années.

» A ce jeu, les Français ont toujours été beaux joueurs. Seulement, ils se leurrent volontiers, ils s'exagèrent leurs avantages, ils s'avouent difficilement leurs échecs, et lorsqu'ils ont perdu la partie ils n'aiment pas à payer. Nul n'y peut rien ; nous sommes ainsi faits, et comme nous ne sommes pas une jeune nation, il est trop tard pour nous refaire.

» M. Jules Favre est Français, très Français, Dans un jour d'émotion patriotique, il a publié une phrase éminemment française et qui a fait battre tous les cœurs.

» Nous étions déjà bien malades, nous avions essuyé des défaites terribles et perdu des armées entières. M. Jules Favre, qui désirait la paix et qui était allé la chercher au quartier général de l'ennemi, répondit fièrement sous l'affront de M. de Bismarck. Il déclara à la face de l'Europe que, vainqueurs ou vaincus, nous ne céderions *ni un pouce de notre territoire ni une pierre de nos forteresses.*

» Rien de plus beau, rien de plus noble et rien de moins logique. Parler comme il l'a fait, c'était nier la règle du jeu. Au vainqueur appartient la paix lucrative et glorieuse ; au vaincu la paix douloureuse.

» Il est vrai que M, Jules Favre, lorsqu'il lançait cette déclaration, pouvait encore espérer la victoire, Il comptait sur la défense héroïque d'un grand peuple acculé, mis au pied du mur ; il s'xagérait l'élasticité de la nation française, il espérait que quarante millions d'hommes allaient rebondir comme lui sous la violence d'un tel coup. »

Ces lignes éloquentes ne prouvent-elles pas surabondamment qu'une nation puissante comme la France ne se gouverne pas par des phrases à effet, mais plutôt par des actes énergiques dictés par l'histoire de son Passé et de son patriotisme.

Malgré ces bruits de convocation d'Assemblée Nationale, nos forts continuent, sur toute la ligne de défense, à canonner les travaux et les positions de l'ennemi. Le tir reprend la nuit par intervalles, de façon à causer des alertes fréquentes aux postes prussiens et à les tenir constamment en haleine.

Le sergent Hoff, du 107e d'infanterie, dont le nom devient légendaire par suite de la quantité de Prussiens qu'il tue à lui tout seul, reçoit la croix de la Légion d'Honneur en récompense de ses nombreux actes de courage.

On apprend de nouveau dans Paris que les négociations relatives à la conclusion d'un armistice se poursuivent à Versailles, au quartier général du Roi de Prusse, entre le comte de Bismark et les puissances neutres. Pour dégager sa responsabilité, le

Gouvernement du 4 septembre déclare officiellement qu'il est étranger à ces négociations et qu'il a réellement rompu toutes démarches conciliatrices tendant à la signature d'un armistice. La Russie, paraît-il, pèse d'un grand poids dans la solution pacifique qui se prépare, mais bien qu'elle doive être pour la France, selon l'histoire, son alliée naturelle, la population croit peu à l'efficacité de son intervention.

En attendant, la lutte continue. Les forts tonnent avec furie De son côté, l'ennemi abat une partie du mur du cimetière de Choisy-le-Roi et démasque une batterie. Les marins français, dont la valeur exalte la grande cité, tirent à toute volée du Moulin Saquet (hauteurs de Villejuif) sur les travaux de l'ennemi dans cette direction. Plusieurs épaulements sont culbutés et un personnage de marque est tué dans les retranchements prussiens. Cependant la veille, au soir, l'ennemi fait feu sur une tranchée qui se trouve entre Villejuif et le chemin de Lhay ; quelques obus et un coup de mitrailleuse suffisent pour l'obliger à battre en retraite.

Dans ces combats d'avant-postes, le sergent Hoff que nous avons déjà cité pour ses actes de bravoure est toujours à l'ordre du jour. Les journaux racontent à l'envi ses équipées militaires et *le toujours spirituel Figaro* ne manque pas l'occasion de faire des délicieux jeux de mots avec le nom de ce héros du siège de Paris Tantôt le sergent *Hoff*, raconte notre enfant terrible du journalisme militant, traverse la Marne à la nage, comme eût fait l'*Hoff* Elie et le Prussien doit alors s'attendre à une catastr-*Hoff* quelconque. Toujours prêt à prendre l'*Off*ensive, ce brave sergent en vaut dix, si bien que ce serait un honneur que de valoir un demi d'*Hoff* .. Il n'a pas froid aux yeux, celui-là ! Par conséquent, il ne craint pas l'*Hoff* talmie ; ses collègues ne s'intitulent que sous-*Hoff* par déférence pour lui. Bref, depuis que le journal officiel a entrepris de chanter chaque matin la gloire de ce héros, la feuille de M. Vittersheim ne s'appelle plus que le journal *Hoff* iciel.

Hein, qu'en dites-vous ? lecteurs, est-ce assez réussi ? Vous voyez que si la gaieté française était bannie du reste de la terre, elle trouverait encore asile dans cette magnifique cité parisienne où un siége douloureux et des privations sans nombre n'ont jamais pu, pendant cinq mois !.. cinq siècles!. altérer l'esprit et le cœur des patriotiques habitants de Paris

Le Gouvernement de la Défense Nationale proroge de nouveau d'un mois les délais accordés par la loi du 13 Août et les décrets des 10 Septembre et 11 Octobre 1870 relatifs aux effets de commerce. Cette disposition est même applicable aux valeurs souscrites postérieurement à la loi et aux décrets susvisés Cette mesure avait été prise de mois en mois depuis le commencement de la guerre. En outre, les hommes de l'Hôtel-de-Ville et du 4 septembre, remplis de sollicitude pour la population de Paris, si cruellement éprouvée par les souffrances du siège et réduite à cesser tout commerce, decrètent également que le paiement du terme de loyers d'octobre est prorogé de trois mois, c'est-à-dire jusqu'à celui de Janvier. Ces décisions toutes paternelles excitent au plus haut point l'admiration et la reconnaissance des classes ouvrières qui espèrent que cette faveur leur sera continuée dans l'avenir au cas où le siège de Paris ne serait pas levé au terme de Janvier prochain.

Des bruits d'armistice circulant de nouveau d'un bout de Paris à l'autre, le Gouvernement répond que les négociations qui se poursuivent à Versailles ne reposent sur aucun fait qu'il puisse contrôler. Dès lors, le Comité de Défense ne songe qu'à reprendre avec vigueur la suite de ses opérations militaires. A cet effet et pour donner plus de cohésion aux armées régulières de Paris qui doivent, d'une manière effective, contribuer à la résistance de la capitale, le Gouvernement appelle à l'activité les jeunes gens de 25 à 35 ans, célibataires ou veufs sans enfants, compris dans la 3e catégorie de la garde nationale dont le décret vient de paraître. On se prépare donc à la lutte avec acharnement, malgré les espérances de paix qui planent dans l'air. On est toujours convaincu que plus la résistance sera opiniâtre et ardente, plus les puissances intercèderont en faveur de la cessation des hostilités. Si, au contraire, l'armistice dont on parle n'est qu'un leurre, on ne pourra pas accuser la courageuse population parisienne de s'être laissée berner par de trompeuses illusions.

Les hostilités un moment suspendues sont reprises ; le feu des forts est activé pendant le jour et la nuit ; la redoute de Gravelle tire avec succès sur les ouvrages que les Pruissens établissent à Montmesly ; les troupes françaises occupent Créteil qu'elles mettent aussitôt en état de défense. D'un autre côté, et pour montrer à l'ennemi que le soldat français ne s'endort pas dans de vaines chimères d'armistice, le capitaine de Neverlé, officier d'ordonnance du général Ducrot, enveloppe avec ses volontaires, sur une des places de St-Cloud, une patrouille prussienne ; les hommes qui la composent opposent d'abord une vive résistance mais cinq sont tués sur place et le sixième est ramené grièvement blessé de deux coups de baïonnette. Cette audacieuse expédition opérée ainsi à St-Cloud, presque sur le territoire ennemi vaut à celui qui la dirigeait les plus grands éloges. Pendant qu'à Paris toutes les forces vives de l'armée concourent, dans une résistance commune, à la délivrance de la Patrie, une bonne nouvelle arrive par pigeon. On apprend que l'Armée de la Loire s'est emparée d'Orléans après une lutte de deux jours, sous les ordres du général D'Aurelles de Paladines. Cette victoire de nos frères d'armes de province enivre de joie et de patriotisme les troupes de Paris. Des applaudissements frénétiques couvrent la voix de ceux qui lisent à haute voix, sur les places publiques, cette heureuse dépêche ; on crie : Vive la France ! et l'enthousiasme est à son comble On ne doute plus maintenant de l'existence de cette armée de secours dont la mise en marche tardive avait donné le temps aux esprits de voyager dans l'incrédulité la plus regrettable

De son côté, Paris déloge les Prussiens du village et du territoire de Champigny au moyen des obus de la Faisanderie et des mitrailleuses de Joinville. L'ennemi est alors obligé de se réfugier dans une maison située à l'est du chemin de fer d'où les obus du fort de Nogent ne tardent pas a le chasser également.

La redoute de Gravelle continue à tirer sur les ouvrages prussiens de Montmesly, et bien qu'ils soient élevés a 5,200 mètres, elle les endommage fortement ; l'observatoire de Vincennes s'aperçoit alors que plusieurs projectiles atteignent la batterie elle-même. Le fort de Charenton qui avoisine cette redoute de Gravelle tire également sur les travaux de défense de l'ennemi situés au-dessus de Thiais et inquiète les travailleurs.

Tout entier à l'œuvre de la défense de Paris, le Gouverneur se rend compte par lui-même du bon état des forts; il visite tantôt les redoutes des Hautes Bruyères et du Moulin Saquet (Villejuif) ; tantôt les forts du Sud, Vanves, Montrouge, Issy. — Les corps militaires spéciaux, auxiliaires précieux des armées de Paris, rivalisent de zèle pour inquiéter l'ennemi. Dans une reconnaissance poussée sur Champigny, le capitaine Lavigne, à la tête des tirailleurs parisiens, refoule les postes prussiens, anéantit leurs approvisionnements et fait subir des pertes réelles aux Allemands. — Pendant qu'a lieu cet engagement qui fait honneur à la compagnie des tirailleurs parisiens, une forte canonnade résonne sur toute la ligne des forts et des ouvrages avancés. Elle est très vive de la redoute du Moulin-Saquet et de l'ouvrage des Hautes-Bruyères ; les forts de Charenton, d'Ivry et de Montrouge l'appuient avec une grande difficulté. Quant au fort de Vanves, il ne cesse, de son côté, de tirer sur les positions de Châtillon.

Le mouvement de la correspondance postale s'opère toujours par ballon avec régularité ; rien n'est négligé et l'administration fait preuve d'une très grande ingéniosité pour que l'expédition de lettres ne périclite pas et s'effectue avec exactitude. Bien qu'il faille beaucoup de temps pour la construction des ballons, dont le nombre est encore insuffisant, à cette époque, aucun retard n'est apporté dans l'envoi des dépêches. Ce sera l'éternel honneur du service général des postes d'avoir su faire face, pendant le siége, par mille russes et mille inventions aux exigences parfois exagérées d'une population affolée, impatiente, avide de nouvelles et désireuse d'envoyer à tous prix des compliments et des baisers aux parents et amis de la Province.

A la date du 15 novembre on ne signale qu'une reconnaissance conduite avec une grande habileté par le commandant Poulizac, du 1er régiment des Eclaireurs, lequel chasse l'ennemi de ses avancées, du côté de Drancy. De son côté, le capitaine de Kergalec charge avec M. de Versinville à la tête des éclaireurs à cheval et fait plusieurs prisonniers.

Le Mont-Valérien tire toujours sur S Cloud, Montretout et Rueil. — L'ennemi se montre de nouveau dans Champigny; débusqué par le feu des mitrailleuses, il se réfugie dans les tranchées au milieu desquelles les obus du fort de Nogent viennent tomber et l'obligent à battre en retraite. Les canons de la Faisanderie dispersent un détachement d'une cinquantaine de prussiens réunis derrière la barricade de Champigny. Un obus tiré sur la maison dite Cazenave, au-dessous et à droite de Chennevières et désignée sous le nom de Pension des officiers prussiens, va tomber au milieu de la cour, entre deux ailes du bâtiment, au moment où un certain nombre de ces officiers s'y trouve réuni et y occasionne un grand désordre. Aussitôt après, on remarque un mouvement de va et vient dans les cours; des hommes paraissent occupés à relever les morts et les blessés. Tel est l'effet foudroyant de ces projectiles qu'une civilisation puissante devrai abolir.

Des nouvelles de source anglaise relatives à la capitulation de Metz parviennent à Paris. Après la lecture de ces documents, l'opinon publique se prononce assez violemment contre le maréchal Bazaine. On s'était refusé de croire jusqu'à présent à la trahison, mais dès que l'on apprend que le vaincu de Metz a eu une entrevue avec l'ex-empereur à Wilhemshohe, le doute ne paraît plus possible. Néanmoins le monde politique fait ses réserves; il attend l'avenir et de plus amples informations pour formuler son jugement définitif sur la conduite de ce grand chef militaire qui compte pourtant de belles pages dans sa carrière de soldat.

Le Gouverneur de Paris passe une grande partie de la journée du 17 novembre dans la presqu'île de Gennevilliers ; il va jusqu'au pont de Bezons et se trouve satisfait de l'attitude et de la bonne tenue des troupes. Pendant cette visite, le Mont-Valérien et les forts du Sud ne cessent d'inquiéter l'ennemi sur tous les points qu'il occupe.

Le gouvernement de l'Hotel-de-Ville apprend, à ce moment par une dépêche venue de province, la confirmation officielle du retour de Thiers de son excursion politique en Europe. Il serait arrivé au siège du Gouvernement de Tours le 7 novembre — On s'attend, dès lors, à Paris à un récit complet des incidents qui se sont produits dans les différentes entrevues qu'il a eues avec les représentants des quatre grandes puissances neutres. L'impatience est grande, car il tarde aux Français de savoir les motifs qui ont pu entraîner nos alliés d'autrefois à conserver, malgré la gravité des évènements, une neutralité désastreuse pour la France qui s'était, dans toutes les occasions périlleuses, empressée de mettre son épée au service des nations outragées dans leur intégrité territoriale ou leur honneur national. L'armée de Paris ne se laisse pas décourager par l'indifférence et l'oubli de l'Europe ; elle se prépare, au contraire, à une résistance sans merci, et n'osant plus compter sur ses compagnons d'armes d'autrefois, elle pense qu'avec l'aide de Dieu et de la vaillance de ses phalanges héroïques, elle aura raison de ces hordes de barbares qui infestent le sol de la patrie

Au moment où tous les esprits patriotes sont indignés de la conduite inqualifiable des puissances neutres, l'Hôtel de-Ville reçoit une nouvelle dépêche de Tours, confirmant les succès remportés à Orléans par l'armée de la Loire. Rien ne vient mieux à propos pour fomenter dans le cœur des combattants la haine de l'étranger et la rage de vaincre. Voici le texte de cette nouvelle adressé par Gambetta à Jules Favre. L'impression qu'elle fait naître est profonde.

Gambetta a Jules Favre. — Nous vous avons annoncé notre mouvement offensif sur Orléans qui a été repris après deux jours de marche, pendant lesquels deux gros combats ont été livrés à Baxon et à Coulmiers, où nous avons fait deux mille cinq cents prisonniers, tout compte fait, et où nos troupes ont fait preuve du plus vigoureux élan. Nous occupons fortement les approches de la Ville, et nous pouvons repousser un retour offensif.

L'état intérieur de la France est entièrement satisfaisant. L'ordre le plus complet règne à Lyon, à Marseille, à Perpignan, à St-Etienne.

L'ennemi a évacué Dijon et l'administration préfectorale y a repris son cours. Vous pouvez hautement affirmer que partout notre gouvernement est respecté et obéi, et que toute l'effervescence excitée par la reddition de Bazaine est maintenant calmée sur tous les points du territoire.

Avec de pareilles dépêches on eût pu illuminer Paris, comme du temps de Palikao, mais les Parisiens savent que la méfiance est la mère de la sûreté!!...

Pendant que les armées de Province font preuve d'un héroïsme digne des temps anciens, Paris poursuit son œuvre sans relâche. Les forts de Bicêtre, Montrouge, Vanves, Issy, c'est-à-dire les points de défense les plus redoutables, tirent avec le plus grand succès sur les positions de l'ennemi qui se trouve toujours obligé d'évacuer ses avancées. Nos travaux sont poussés avec une célérité remarquable, l'entrain est unanime et tous les cœurs sont unis dans une pensée commune : LA VICTOIRE !...

La fabrication des canons se poursuit avec un zèle infatigable. L'usine Cail se distingue particulièrement dans la fonte de ces engins de guerre. A la date du 22 novembre, plus de soixante-dix canons, nouveau modèle, appelés canon de 7 et ayant une portée de sept à huit mille mètres sont livrés dans un délai surprenant, par cette importante maison qu'une légitime renommée accompagne même en Europe. De plus, elle livre une quinzaine de mitrailleuses, systèmes Christofle et Montigny et plusieurs autres systèmes Gatling. La Compagnie du Nord concourt, elle aussi, sans aucun répit, à cette fabrication dont les résultats furent admirables pendant le siége.

Le comte de Bismark lance, avec sa ruse

habituelle, une circulaire aux agents diplomatiques pour prévenir celle que doit adresser Thiers à ces mêmes hommes d'Etat relativement aux négociations de Versailles et à sa tournée en Europe De même que le Chancelier du Nord de l'Allemagne a répliqué à Jules Favre, lorsque celui ci se rendit a Ferrières pour demander une paix honorable, de même encore aujourd'hui Bismark devance son rival Thiers pour enlever a l'historien du Consulat et de l Empire toute l'influence que ce dernier a su gagner auprès des puissances européennes par sa sagesse et son expérience dans le maniement des hommes et des affaires

Des renseignements certains arrivés sur les armées de Province ne permettent plus à Paris de douter de leur existence. On est enfin plein de joie de voir qu'une armée nationale de 760,000 hommes pourra bien, à un moment donné, compromettre les rapides conquêtes des Allemands. Le calcul suivant est fait à la nouvelle de la formation des armées de secours. Ce document deviendra trop précieux aux historiens de l'avenir pour que nous ne le rappelions pas ici.

ARMEE NATIONALE. — 1870-1871.

Armée du Midi, formée à Toulouse avec les volontaires de Marseille et de toute la Provence, que M. Esquiros avait enrôlés en septembre et qu'il avait gardés depuis lors, avec quelques régiments venus des colonies, quelques mobiles en retard. . 60,000 hom.

Armée de la Loire, quartier général d'Orléans . . . 100,000 »

Armée de l'Ouest sous les ordres du général de Kéra-

try, quartier général à Laval.	60,000 »
Armée du Nord, y compris les garnisons des places fortes couvrant Amiens et Lille, sous le commandement de Bourbaki	100,000 »
Armée de Normandie, gardes nationaux mobilisés sous les ordres de M. Estancelin, à Elbeuf et Lisieux . . .	40,000 »
Armée régulière des Vosges, quartier général à Besançon, sous les ordres du général Cambriels	60 000 »
Armée des volontaires vosgiens, sous les ordres du général Garibaldi, défendant les défilés, inquiétant les convois ennemis, détruisant les voies ferrées et formant, pour ainsi dire, l'avant garde de l'armée du général Cambriels.	15,000 »
Les corps francs d'Alsace, formés des ouvriers de Mulhouse, de Thann, de Wesserling, de Guebwiller, sous les ordres de M. Keller, ancien député ; troupe nombreuse, admirablement armée et qui vient de faire sa jonction avec le corps d'armée du général Cambriels	25,000 »
L'armée de Paris. . . .	225,000 »
Les compagnies de guerre de la garde nationale . . .	70,000 »
Soit. . .	759,000 hom.

C'était donc, avec de pareilles forces, que le Général Trochu aurait pu mener à bien la campagne de France. Nous avons consigné à dessein ces renseignements militaires pour établir d'une manière indiscutable, qui, sans la fatalité ou l'ineptie, la France ne se serait jamais vue humiliée et battue comme elle l'a été. Mais, passons, car n'oublions pas que nous photographions simplement les épisodes du siége sans vouloir les juger. L'Histoire et l'Avenir pourront seuls prononcer la sentence des coupables.

Au 20 novembre, le feu est très-vif contre les positions du Bourget. Des combats heureux d'avant-postes ont lieu à Villetaneux. L'arrêté relatif à la cessation de toute livraison de gaz jette la consternation dans toute la population parisienne. Ainsi Paris, déjà plongé dans la douleur, sera également plongé dans les ténèbres. Cette mesure est prise, dit le décret, dans le but de ménager l'approvisionnement du charbon. Néanmoins elle ne frappera quant à présent que les particuliers et les établissements publics de toute nature. L'éclairage de la voie publique est assuré, mais pour un temps si court, que de nouvelles tristesses s'ajoutent aux privations du siège. L'ennemi s'amuse de cette suspension de lumières : c'est ainsi que dans une caricature allemande parvenue à Paris, on y voit un garçon de café debout devant le consommateur et tenant à la main une bougie qui permet aux clients de lire les journaux du soir. Cruelle plaisanterie que nos sauvages ennemis ne peuvent manquer de payer chèrement !!!

Les faits militaires continuent. Un élément nouveau entre en ligne de bataille. Deux bataillons de garde nationale mobilisée s'apprête à recevoir le baptême du feu. Ils sont commandés par les chefs de bataillon Quevauvilliers et de Brancion, deux noms justement aimés, deux militaires dont le talent éprouvé inspire toute confiance D'autres vont suivre également et seront employés aux postes avancés. Le feu des forts inquiète toujours les travaux de l'ennemi, principalement à l'ouest et vers les positions de Meudon et de Châtillon. Une reconnaissance est tentée, la nuit, par l'ennemi, dans la presqu'île de Gennevilliers ; une barque montée par plusieurs hommes cherche à passer la Seine du côté du Pont-aux-Anglais (Voir la carte pour toutes les opérations militaires du siége ; quelques unes ne manquent assurément pas d'intérêt.)

Cette reconnaissance de la presqu'île de Gennevilliers reste i fructueuse, grâce à la surveillance de nos postes avancés qui tirent à bout portant sur cette barque, dans laquelle plusiens hommes sont tués ou blessés.

Le corps franc des carabiniers Parisiens ne cesse, comme ses frères d'armes des milices régulières, de se faire remarquer par ses bons services et sa discipline. La deuxième compagnie, capitaine Baquey, est établie à Courbevoie, sous les ordres du général de Bellemare. Quelques uns des hommes de cette compagnie étant descendus dans la cave de la maison qu'ils occupent, ils trouvèrent dans un tiroir ouvert une somme de trois mille six cents francs en or. Ils la remettent immédiatement à leur commandant qui la fait déposer à la Caisse des dépôts et consignations. Cet acte de probité honore les défenseurs de Paris qui n'ont pas toujours été à l'abri d'odieuses calomnies.

Le Gouvernement de la Défense nationale

reçoit, par pigeon, une nouvelle dépêche de Tours dont voici la teneur :

GAMBETTA A JULES FAVRE.

Tours, 16 *novembre* 1870.

Au dedans l'ordre le plus parfait règne sur tous les points du pays, et nos ressources militaires prennent une tournure tout à fait satisfaisante. Outre les deux cent mille hommes qui sont en ligne sur la Loire, et dont le point culminant est Orléans, nous aurons, au 1er décembre, une nouvelle armée parfaitement organisée et munie de tout, qui comptera cent mille hommes, sans compter près de deux cent mille mobilisés prêts à marcher au feu à la même époque, mais tout à fait en seconde ligne.

Nous occupons fortement Orléans sur les deux rives de la Loire, à droite et à gauche, prêts à résister vigoureusement à un retour offensif.

Notre succès à Orléans a excité au plus haut degré les sentiments patriotiques de la nation, et les préparatifs de défense sont poussés avec une prodigieuse activité de tous côtés ; les plus faibles sont entraînés.

Au dehors, l'Europe a manifesté au sujet de notre récent succès autant de sympathie que d'étonnement. Ses doutes sur l'existence de nos forces sont aujourd'hui dissipés. Ses sympathies nous sont revenues. Nous en recevons des témoignages irrécusables aussi bien par la voie des journaux que par la conversation de ses représentants autorisés.

Tout le monde s'accorde à reconnaître que notre situation diplomatique s'est considérablement améliorée.

Sauf de rares exceptions, on ne parle plus d'élections ni d'armistice. Le refus de ravitailler Paris a été unanimement blâmé et attribué à M. de Bismark. On n'a voulu voir dans ce refus qu'un stratagème pour affamer Paris et donner aux troupes prussiennes dégagées de Metz le temps d'arriver et de faire échec à notre armée de la Loire.

A la lecture de ces bulletins de victoire, pouvait-on jamais douter du résultat des efforts constants de l'armée de Paris et n'avait elle pas raison de doubler d'ardeur et de patriotisme en apprenant que les frères d'armes de province faisaient d'une manière admirable leur devoir de citoyen ?

Les bataillons mobilisés de la garde nationale dont nous venons de parler sont à peine rendus aux avant-postes que l'écho de leur triomphe arrive sur les boulevards où chacun fête et exalte la bravoure de cette digne garde qui ne recule devant aucun sacrifice pour abaisser l'orgueil allemand. En effet, le 24 novembre, au soir, le contre-amiral Saisset envoie le rapport suivant au siége du Gouvernement —Rapport militaire. Le contre-amiral Saisset à l'Hôtel-de-Ville. Le 72e bataillon de guerre de la garde nationale, conjointement avec le 4e bataillon des éclaireurs de la Seine, est allé aujourd'hui, à 2 heures, occuper militairement le village de Bondy, sous le commandement supérieur du capitaine de frégate Massion.

L'entrain du 72e bataillon a été tel qu'il a franchi les barricades de Bondy, refoulé l'ennemi d'arbre en arbre sur la route de Metz et le long du canal de l'Ourcq.

Le commandant Massion a été blessé et transporté à l'ambulance du Ministère de la marine.

Le 72e bataillon compte quatre blessés, aucun tué. Le 4e bataillon des éclaireurs de la Seine qui gardait la droite dans les tranchées qui relient le village de Bondy au cimetière, n'a pas eu de blessés.

A quatre heures, le 72e bataillon de guerre, commandant de Brancion, s'est replié avec le plus grand sang-froid et a aussi bien inauguré son entrée en campagne.

De notre côté, et après ce rapport, n'oublions pas de rendre un public hommage aux divers gardes qui se sont particulièrement distingués par leur courage. C'est le compte-rendu même de M. de Brancion, chef du 72e bataillon, qui les signale à l'admiration. Il est heureux, dit-il, de déclarer que tout le monde (officiers et soldats), a répondu à la bonne opinion que l'autorité militaire avait de la garde nationale mobilisée. Celle-ci s'est montrée digne d'occuper, *pour ses débuts,* les postes qui lui sont confiés. Cependant, en finissant, il décrit d'une manière spéciale, la belle conduite du sous-lieutenant Richard qui a emporté un blessé sur son dos, au milieu d'une pluie de balles, et et du caporal clairon Maillet qui s'est porté avec beaucoup d'élan au secours du commandant Massion, lequel a été blessé. —Les noms du caporal Beract, des garde Parde et Beract fils, viennent s'ajouter à ces noms de héros.

Ce début de la garde nationale mobilisée dans les batailles livrées sous les murs de Paris est d'un bon augure pour l'avenir. L'effet moral a été immense à Paris et les Prussiens n'ont qu'à bien se tenir !

Au milieu de ce drame horrible qui se déroule à l'ombre de la capitale et pendant le cours de ce douloureux récit, nous sommes heureux de pouvoir demander aux lecteurs un quart-d'heure d'entr'acte pour mettre sous ses yeux une page touchante que l'histoire enregistrera probablement dans ses annales. Cette page a trait aux derniers moments de l'ex-impératrice aux Tuileries dans la journée du 4 septembre. Cette relation a paru dans le *Figaro*. Elle a un cachet si extraordinaire de simplicité, et l'auteur qui, par modestie sans doute, s'est paré du voile de l'anonyme, y a mis tant de sincérité et de charme exquis que nous n'avons pu résister au désir de donner asile dans notre œuvre aux lignes suivantes qui font penser, malgré soi, au règne malheureux de l'infortunée Marie-Antoinette. On y voit, dans toute sa beauté sublime, le caractère de l'ancienne souveraine de France,—aucune idée politique nous pousse aujourd'hui à faire connaître ce qui s'est passé aux Tuileries pendant cette première journée de la République du 4 Septembre. C'est la femme, dépouillée de tous les apparats de l'impérialisme et devenue muette au milieu de ce terrible chaos de la fatalité, que nous avons voulu montrer dans toute sa simplicité touchante Nous écourterons autant qu'il est possible cette magnifique narration pour ne pas abuser de la place qui nous est si généreusement octroyé dans les colonnes de ce journal. Toutefois, nous conserverons les plus beaux passages, mais, avant tout, nous en recommandons vivement la lecture, car rien n'est plus admirable. Jugez.

—

LE 4 SEPTEMBRE

AUX TUILERIES.

La journée du 4 septembre et la plupart des évènements qui s'y rattachent, ayant été présentés d'une manière incomplète, pourquoi ne serait-il pas permis a un homme, qui a passé aux Tuileries une grande partie de ce jour, de raconter comment se sont écoulées les heures qui ont précédé le départ de l'impératrice Eugénie ? Il est toujours opportun de dire la vérité et de rétablir l'exactitude des faits, surtout quand ces faits peuvent servir de documents à l'histoire.

Le 4, l'impératrice était sur pied à six heures du matin. Elle visitait l'ambulance établie par ses soins aux Tuileries, et arrêtait, avec les sœurs de charité, les mesures à prendre pour donner un plus grand développement à cette œuvre secourable.

Ce jour-là était, on s'en souvient, un dimanche. Outre le service de la grande chapelle, un service spécial était établi dans un oratoire ménagé au milieu des appartements privés. Un chapelain venait y célébrer la messe quatre fois par semaine, et, depuis la déclaration de guerre, cet acte religieux s'y répétait chaque jour.

Après l'office, l'impératrice faisait sa recommandation à son aumônier ; il s'agissait ordinairement de bonnes œuvres, d'une famille à secourir, d'un malade à visiter, d'un abandonné à recueillir. Le 4 septembre, les instructions furent plus longues et plus minutieuses, et le prêtre qui venait remplir les fonctions sacrées devant l'impératrice passa la plus grande partie de la journée à accomplir ses prescriptions charitables.

De l'oratoire, Sa Majesté passa immédiatement dans la salle du conseil. Les ministres et les membres du conseil privé y étaient réunis On dit que la séance présenta le plus grand intérêt, non-seulement par la gravité des sujets qui y furent traités, mais aussi par l'attitude ferme et résolue des conseillers de la couronne. « On ne dira pas de nous, disait l'un d'eux quelques jours plus tard, que nous avons été indécis et divisés à l'heure suprême » Si un jour, peut être, on publie l'analyse de cette dernière délibération, on y verra que rien de ce qui pouvait activer et fortifier la résistance à l'ennemi n'avait été oublié. Il n'y a que justice à le dire.

Le jour même, devait être présenté au Corps législatif un ensemble de mesures « propres à développer la puissance de l'organisation française. »

Lorsque les membres du conseil privé et M, Rouher, qui était présent, demandèrent quelles précautions avaient été prises en vue des mouvements populaires, l'impératrice répondit : « Qu'il ne fallait penser qu'à sauver la France. Prenons des mesures sages et vigoureuses, ajouta t elle, et on verra qu'il n'y a pas d'intérêt à rien bouleverser à l'approche des Prussiens. Ne pensons à sauvegarder la dynastie qu'après avoir pensé au salut de la France. » L'envahissement subit du Corps législatif ne permit pas la réalisation de cette pensée, d'une certaine grandeur à la vérité, mais non dépourvue d'illusions.

—

L'impératrice sortit du conseil vers onze heures et demie du matin, et présida au déjeuner avec une aisance pleine de naturel. Les commensaux étaient nombreux. La table comptait vingt huit couverts. Il n'y avait pas d'autre invité que M. de Lesseps ; mais le service d'honneur était doublé, car les officiers se renouvelaient tous les dimanches et les *allants* et les *venants* se rencontraient au déjeuner. Rien ne fut changé à l'étiquette ordinaire, et à voir la tranquillité générale, on ne se fût pas douté des inquiétudes qui tourmentaient chacun des assistants.

Mais bientôt des indices venus du dehors, présages d'une prochaine tempête, apportèrent un léger trouble dans les habitudes. L'impératrice recevait de minute en minute les dépêches de la préfecture de police, du ministère de l'intérieur, de l'administration de la guerre. Le flot de la révolution était déjà gros. De toutes parts on informait l'impératrice qu'on se disposait à organiser la résistance et la répression : que l'entreprise était malaisée, car Paris ne renfermait que quelques tronçons de régiments, mais qu'avec de l'activité et de l'habileté on pourrait sauver la situation, etc.

Il faut rendre cette justice à l'impératrice qu'elle n'hésita pas une seconde : « Toutes les calamités excepté la guerre civile. » Ce fut son unique réponse aux dépêches qui lui demandaient des ordres. Ces messages, elle les lisait d'un visage impassible, sans rien communiquer de ce qu'ils contenaient. Au milieu d'une conversation qui se traînait péniblement sur des banalités, l'impératrice, rentrée dans son salon, lisait, écrivait, faisait appeler tour à tour l'aide de camp de service, ou M. Conti, ou une des dames d'honneur, leur parlait à voix basse et signait des ordres.

Les minutes étaient des siècles. Quelques visiteurs entraient, saluaient, et sans émotion apparente nous jetaient à voix basse des demi-mots vite compris. Puis on attendait avec une anxiété déguisée de nouveaux venus pour recevoir d'autres renseignements.

C'est ainsi que nous apprîmes que la foule descendait des faubourgs vers la place de la Concorde ; que les mots de *déchéance* et de *république* se faisaient entendre de toutes parts ; que les agents de la force publique étaient maltraités. A travers les glaces des fenêtres on voyait les troupes prendre position dans la cour du Carrousel et devant la façade qui regarde le jardin. Ces précautions militaires avaient un air sinistre. On sentait dans l'atmosphère ce je ne sais quoi de poignant qui se dégage à l'heure des grandes catastrophes.

Des compagnies de la garde nationale passaient sur le quai en se rendant au Corps législatif. L'impératrice se levait de temps en temps, s'approchait de la fenêtre comme pour mieux lire quelque dépêche, jetait un regard furtif sur l'agitation du dehors et se remettait bientôt à son travail. Quelques-uns des assistants disaient qu'il aurait fallu une pluie diluvienne ; mais le temps était splendide, et c'était, pour cette fois, le *soleil de l'empereur.*

Vers midi et demie, il fut impossible de méconnaître que la crise se déclarait à l'état aigu. Les députés du tiers-parti, sous la conduite de M. Daru, firent leur apparition aux Tuileries. Quelques minutes se passèrent avant que les formalités de l'introduction fussent remplies, car jusqu'au dernier moment tout s'est passé au château sans désordre ni confusion, comme en temps régulier ; ce que je fais remarquer, non dans un esprit ridiculement formaliste, mais pour rétablir l'exactitude de faits dénaturés.

En accueillant les députés du centre gauche, l'impératrice souriait tristement. L'entrevue se prolongea Il était facile d'en deviner le sujet. L'abdication ! tel était le mot que M. Daru et ses amis s'étaient chargés de faire entendre à la régente. Il fut répondu très catégoriquement que les ministres étaient au gouvernement pour pro poser les mesures utiles à la France ; que s'ils jugeaient l'abdication nécessaire, l'abdication serait signée. Peu à peu l'impératrice s'échauffa en présence de ces conseillers timides et de ces discoureurs indécis.

De temps en temps, lorsque la porte du salon était ouverte, on entendait la voix émue de l'impératrice qui cherchait à affermir les résolutions ébranlées.

Mais à tout instant les nouvelles du dehors contrariaient les efforts de la souveraine.

L'un des préfets du palais arrivait du Corps législatif et annonçait « que des agi- » tateurs tramaient ouvertement dans la » salle des Pas-Perdus contre la sécurité de » l'assemblée. » Le chambellan de service rendait compte de l'attitude des masses qui couvraient la place de la Concorde et déclarait qu'elles allaient se porter aux extrémités. Les clameurs de la multitude arrivaient jusqu'à la salle du conseil et la remplissaient de cris significatifs.

De temps en temps quelqu'un de ces messieurs du tiers-parti ne manquait pas d'appuyer ses considérations d'un glacial : « N'entendez-vous donc pas, madame ? » ou bien : « Ce que l'on vient d'annoncer à Votre Majesté, n'est-ce pas ce que nous lui disions ? »

Pourquoi ne pas le dire ? Plusieurs, parmi les personnes présentes, trouvaient la démarche des députés du tiers-parti tout au moins superflue. « Si l'abdication, disait-on, pouvait servir à quelque chose, que ne prenaient-ils sur eux de prononcer la déchéance ? Pourquoi ce souci de faire supprimer la dynastie par la régente ? » — Mais le tiers-parti ressemblera toujours... à lui-même.

Ils sortirent enfin, troublés et décontenancés. Nous trouvâmes l'impératrice appuyée contre le chambranle d'une cheminée. Elle paraissait vivement attristée. Nous l'entourions avec cette émotion que l'on sent à l'approche d'un sombre dénoûment.

Quelques-uns de ses serviteurs, pour la dernière fois, venaient respectueusement baiser sa main. Elle laissait faire avec bienveillance, et parlait en termes entrecoupés de ce qui venait de se passer :

« Ils veulent l'abdication !... Oh ! cela n'est rien si la France est sauvée... Mais ne vont-ils pas affaiblir la résistance ?... Ce que je leur ai demandé, c'est de me conserver l'autorité nominale, afin d'empêcher la désorganisation du pays au moment où l'étranger envahit notre territoire .. Après, on fera de nous tout ce qu'on voudra ; maintenant, on n'a pas le loisir de faire des changements politiques : il ne faut songer qu'aux mesures militaires... Je leur ai dit : soyez sûrs que je ne gênerai en rien la défense du pays. J'aiderai, au contraire, les hommes qui auront la confiance de la nation. Puis, je me mettrai à la tête des sociétés de secours aux blessés, je visiterai les hôpitaux, je donnerai l'exemple du dévouement, j'irai aux avant-postes ; oh ! par exemple, je les ai rassurés, je ne ferai rien de ridicule. Est-ce que je ne sais pas éviter le ridicule ? Mais non, ils n'ont rien voulu entendre. Ah ! en France, il ne faut jamais être malheureux. »

En s'exprimant ainsi, l'impératrice en arrivait à cette exaltation propre à sa race et à son caractère, que les intimes désignaient sous ces mots : *les moments de Chimène*. Ce fut comme un éclair rapide pendant lequel elle sembla entrevoir l'avenir avec une lucidité singulière.

Une courte dépêche de M. Piétri arrêta le cours des réflexions de la régente : « On abat les aigles. » Ces quatre mots la ramenèrent aux évènements qui s'accomplissaient dans Paris.

Vers deux heures, l'impératrice s'entretenait avec les ambassadeurs d'Autriche et d'Italie, lorsque coup sur coup arrivèrent du Corps législatif des députés, des ministres, annoncant que la Chambre venait d'être envahie. Le comte de Palikao avait compté sur la fidélité des troupes, et il avait eu raison : aucune n'avait trahi. Mais elles étaient en nombre trop restreint pour pouvoir résister sans faire usage de leurs armes, et les ordres de l'impératrice étaient formels : il ne fallait pas qu'une seule goutte de sang coulât dans Paris.

Puis, à l'intérieur du Corps législatif les questeurs se reprenaient à vouloir faire usage de leurs privilèges et à être seuls à donner les ordres concernant la sécurité de l'Assemblée. Il y eut de la part de la foule une menace d'attaque. L'un des questeurs, le général Lebreton, racontait-on, avait intimé aux troupes l'ordre de laisser champ libre au peuple. On sait ce qui arrriva.

Le gouvernement tout entier était au Corps législatif Pendant que le comte de Palikao et les autres ministres conféraient avec les députés, la foule inonda le palais. Véritable inondation qui noya le pouvoir. Les ministres ne purent ni se dégager, ni se reconnaître. L'eau avait éteint les feux et paralysé les mouvements de la machine : le navire ne pouvait plus marcher.

M Chevreau, le premier, put fendre le flot populaire et arriver à grand'peine jusqu'aux Tuileries. Bientôt après arriva M. Jérôme David, qui traversa les salons en souriant, avec le calme et la désinvolture des jours de gala. Mais sa présence seule suffisait à indiquer la gravité de la situation.

On commença à se demander si quelqu'un avait pensé à tenir une voiture à la disposition de l'impératrice. Naturellement, tout le monde y avait pensé, mais personne n'avait réalisé la pensée ; car chacun s'était dit le sacramentel : « Cela ne me regarde pas. » Maintenant, il était trop tard et il fallait, comme toujours, laisser à la Providence le soin de protéger et de sauver l'impératrice.

Les dernières minutes me rappellent de vifs souvenirs. Il arriva un groupe attardé de serviteurs de l'empire. Enfin, M. Piétri, aussi calme et aussi réservé que d'habitude, qui salua profondément Sa Majesté, — lui dit à peine quelques mots à voix basse et s'éclipsa sur le champ.

L'impératrice fit aussitôt appeler le général Mellinet, qui commandait les troupes chargées de la défense des Tuileries.

— Général, pouvez-vous défendre le château sans faire usage des armes ?

— Madame, je ne crois pas.

— Dès lors, dit l'impératrice, tout est fini. Il ne faut pas ajouter à nos désastres l'horreur de la guerre civile.

Et elle donna rapidement ses derniers ordres. Le vieux général traversa presque en courant les salons pour aller rejoindre ses soldats, non cependant sans s'arrêter brusquement de temps en temps pour baiser galamment la main à quelque belle dame de sa connaissance.

L'impératrice alla serrer la main sans mot dire aux personnes qui n'avaient pas encore reçu son adieu. Puis, se tournant vers les dames, elle leur dit :

— Ne restez plus ici : le temps presse.

Ce fut le signal des larmes. Les dames se pressaient autour d'elle et couvraient ses mains de baisers :

— Mais partez, partez donc, je vous en supplie, répétait l'impératrice, qui contenait avec peine son émotion.

Elle parvint à se dégager doucement de ses étreintes affectueuses, et s'étant reculée jusqu'au fond du salon, toute pâle et frémissante, elle nous fit son plus grand salut, celui des grandes circonstances, et disparut dans ses appartements intimes, accompagnée du prince de Metternich, du chevalier Nigra et de madame Lebreton.

Arrivé sous le passage du pavillon de l'Horloge, j'ai voulu savoir ce que ferait la foule qui ébranlait la grille qui ferme l'accès du jardin, et je me suis arrêté près de la grande porte des Tuileries qui regarde l'arc de triomphe de l'Etoile.

La foule ne se décidait pas à franchir le dernier obstacle. Elle apercevait trop distinctement les allées et les venues du général Mellinet, qui disposait ses soldats avec un soin extrême. Tout a coup, « deux voyous », arborant en guise de drapeaux parlementaires deux malpropres mouchoirs blancs et suivis d'un monsieur en paletot, les deux mains dans ses poches, débouchent dans l'allée du milieu et viennent droit au général.

« — Tiens, tiens, que fait donc là cet escogriffe ? » C'est ainsi qu'à mes côtés M. Laferrière qui, en qualité de surintendant des théâtres impériaux, connaissait les siens, saluait l'apparition du monsieur, qui n'était autre que Victorien Sardou. Le général s'aboucha avec les parlementaires, puis alla haranguer le peuple. On sait le reste. Il fut bien entendu que l'impératrice n'était plus aux Tuileries et le peuple s'engagea à être « gentil. »

Une minute après, nous quittions les Tuileries par le guichet de l'Échelle. Au moment où le concierge nous ouvrait la porte, nous vîmes défiler devant nous une épaisse et bruyante colonne de citoyens ayant à sa tête un bourgeois barbu, mal coiffé d'un képi de garde national, portant un fusil sur l'épaule d'une façon peu martiale et emboîtant le pas d'une manière fort gauche, C'était, paraît-il, M Jules Favre allant faire sacrer à l'Hôtel-de Ville le gouvernement de la défense nationale.

A ce moment je tirai ma montre : il était trois heures moins cinq minutes.

J'appris que l'impératrice, après nous avoir quittés, s'était tranquillement, revêtue d'habits de deuil. Madame Lebreton l'aidait dans ses préparatifs de départ. La souveraine n'avait voulu appeler aucun de ses officiers au danger de l'accompagner, et elle s'était confiée à MM de Metternich et Nigra, que leur caractère diplomatique mettait à l'abri des insultes.

Avant de quitter sa demeure, l'impératrice alla jeter un dernier regard sur les portraits de l'empereur et du Prince impérial ; puis elle s'agenouilla dans son oratoire, fit, au pied de l'autel, une courte prière et se dirigea sans aucun trouble ni précipitation vers la galerie du bord de l'eau Les portes qui mettent en communication les Tuileries et le Louvre étaient fermées. Il fallut quelque temps pour trouver les clefs. Le passage fut enfin libre et l'impératrice et son petit cortège arrivèrent sans encombre sur la place Saint Germain-l'Auxerrois, par l'un des deux escaliers de la colonnade du Louvre.

M. de Metternich alla à la rencontre des deux fiacres, M. Nigra était resté avec Sa Majesté et madame Lebreton. Ses vêtements de veuve ne déguisaient pas assez bien l'impératrice pour qu'un gamin ne pût la reconnaître et crier à tue-tête :

— Voilà l'impératrice !

La place était couverte d'une partie des envahisseurs du Corps législatif qui se rendaient à l'Hôtel de Ville, après avoir traversé les Tuileries et le Louvre. Le diplomate italien ne perdit pas sa présence d'esprit en une situation aussi critique. Il envoya une vigoureuse taloche au jeune indiscret ; il le prit ensuite par l'oreille en ayant soin d'appuyer fortement, afin de ne laisser au petit bonhomme que la faculté de se débattre et de se plaindre :

— Ah ! polisson, disait de son côté l'impitoyable chevalier, tu cries : « Vive la Prusse ! » Je t'apprendrai à être meilleur patriote !

Et il l'entraînait, sans désemparer, du côte opposé à l'endroit où se trouvait la voiture dans laquelle l'impératrice venait de prendre place avec madame Lebreton. M. Nigra ne lâcha l'enfant et ne cessa ses imprécations que lorsque le cocher eût enlevé ses chevaux. L'italien avait si bien ménagé son jeu que M. de Metternich et lui étaient déjà loin lorsque les spectateurs se rendirent compte de ce qu'ils venaient de voir. — Y...

FIN.

Poursuivons maintenant les opérations militaires qui vont prendre un plus grand développement. La proclamation suivante du général Ducrot fait entrevoir, dans un avenir prochain, une attaque décisive, peut-être la trouée tant désirée ? Elle produit sur la population une salutaire sensation ; Paris pense que l'heure de la délivrance va sonner. Il s'abandonne alors aux belles espérances que contient ce morceau rempli d une éloquence persuasive ; voici cette déclaration, dans toute sa mâle énergie ; elle est affichée *hors* de la capitale dont toutes les portes se ferment strictement, ainsi que cela s'est toujours pratiqué pendant le siège à la veille d'une action sérieuse :

« Soldats !

» Le moment est venu de rompre le cer-
» cle de fer qui nous enserre depuis trop
» longtemps et menace de nous étouffer
» d'une lente et douloureuse agonie.

» A vous est dévolu l'honneur de tenter
» cette grande entreprise. Vous vous en
» montrerez dignes, j'en ai la certitude. Sans
» doute, vos débuts seront difficiles, nous
» aurons à surmonter de sérieux obstacles ;
» il faut les envisager avec calme et réso-
» lution, sans exagération comme sans fai-
» blesse.

» La vérité, la voici. Dès vos débuts, tou-
» chant nos avant postes, nous trouverons
» d'implacables ennemis rendus audacieux
» et confiants par de trop nombreux succès ;
» il y aura donc là à faire un vigoureux
» effort, mais il n'est pas au-dessus de nos
» forces.

» Pour préparer votre action, la pré-
» voyance de celui qui vous commande a
» accumulé plus de quatre cents bouches à
» feu, dont les deux tiers au moins, du plus
» gros calibre ; aucun obstacle matériel ne
» saurait y résister, et pour vous élancer

» dans cette trouée vous serez plus de cent » cinquante mille hommes, tous bien armés, » bien équipés, abondamment pourvus de » munitions, et, j'en ai l'espoir, tous animés » d'une ardeur irrésistible.

» Vainqueurs dans cette première période » de la lutte, votre succès est assuré, car » l'ennemi a envoyé sur les bords de la » Loire ses plus nombreux, ses meilleurs » soldats. Les efforts héroïques et heureux » de vos frères les y retiennent.

» Courage donc et confiance. Songez que » dans cette lutte suprême nous combattons » pour notre honneur, pour notre liberté, » pour le salut de notre chère et malheu- » reuse patrie, et si ce mobile n'est pas suf- » fisant pour enflammer vos cœurs, pensez à » vos champs dévastés, à vos familles rui- » nées, à vos sœurs, à vos femmes, à vos » mères désolées. Puisse cette pensée vous » faire partager la soif de vengeance, la » sourde rage qui m'anime, et vous inspirer » le mépris du danger !

» Pour moi, j'y suis bien résolu, j'en fais » le serment devant vous, devant la nation » tout entière, je ne rentrerai dans Paris » que mort ou victorieux ! Vous pourrez me » voir tomber, mais vous ne me verrez pas » reculer ; alors ne vous arrêtez pas, mais » vengez-moi. En avant donc, et que Dieu » nous protège ! »

Le Gouvernement adresse également sa déclaration à l'armée. Nul doute qu'un combat important se prépare. Cette proclamation n'a pas besoin de commentaire. Elle est tout simplement admirable, et inspire toute confiance à la population parisienne qui se laisse émouvoir assez facilement par les phrases à effet. Jules Favre avait dit : ni un pouce de terrain, ni un écu de notre trésor, ni une pierre de nos forteresses. Le général Ducrot déclare solennellement qu'il ne rentrera à Paris que mort ou victorieux. Il n'en faut pas plus aux Parisiens pour soulever leur enthousiasme. Le général Trochu lui-même annonce en ces termes, la reprise des hostilités : Citoyens de Paris, soldats de la garde nationale et de l'armée, la politique d'envahissement et de conquête entend achever son œuvre.

Elle introduit en Europe et prétend fonder en France le droit de la force. L'Europe peut subir cet outrage en silence, mais la France veut combattre, et nos frères nous appellent au dehors pour la lutte suprême.

Après tant de sang versé, le sang va couler de nouveau. Que la responsabilité en retombent sur ceux dont la détestable ambition foule aux pieds les lois de la civilisation moderne et de la justice. Mettant notre confiance en Dieu, marchons en avant pour la Patrie.

Signé : Trochu.

Vient ensuite le gouvernement de l'Hôtel-de-Ville dont la proclamation énergique rallie tous les suffrages des patriotes.

Citoyens,

L'effort que réclamaient l'honneur et le salut de la France est engagé.

Vous l'attendiez avec une patriotique impatience que vos chefs militaires avaient peine à modérer. Décidés comme vous à débusquer l'ennemi des lignes où il se retranche et à courir au devant de vos frères des départements, ils avaient le devoir de préparer de puissants moyens d'attaque. Ils les ont réunis ; maintenant ils combattent ; nos cœurs sont avec eux. Tous, nous sommes prêts à les suivre, et, comme eux, à verser notre sang pour la délivrance de la patrie.

A cette heure suprême où ils exposent noblement leur vie, nous leur devons le concours de notre constance et de notre vertu civique. Quelle que soit la violence des émotions qui nous agitent, ayant le courage de demeurer calmes. Quiconque fomenterait le moindre trouble dans la cité trahirait la cause de ses défenseurs et servirait celle de la Prusse. De même que l'armée ne peut vaincre que par la discipline, nous ne pouvons résister que par l'union et l'ordre.

Nous comptons sur le succès ; nous ne nous laisserions abattre par aucun revers.

Cherchons surtout notre force dans l'inébranlable résolution d'étouffer comme un germe de mort honteuse tout ferment de discorde civile.

Vive la France ! Vive la République !

La série des mouvements militaires commence, en effet, après le noble et fier discours du général Ducrot à ses troupes. On compte sur une bataille définitive. Plus de cent mille hommes sont engagés, dit-on. Ici doit dès lors se placer le fait militaire le plus important du siége de Paris. Le 28 novembre, au soir, les opérations projetées s'effectuent dans la presqu'île de Gennevilliers. De nombreuses batteries de mortiers, de fusées et d'artillerie établies à proximité des ponts d'Argenteuil et de Bezons jettent, par leur feu ouvert à six heures du soir, le trouble dans ces positions que l'ennemi occupait fortement. L'incendie se développe sur plusieurs points ; le feu, commencé avec une grande intensité pendant une partie de la soirée, reprend à minuit. Nos troupes se logent dans l'île de Marante et au Pont-aux-Anglais, où elles ont établi des retranchements. Au lever du jour, une forte reconnaissance est faite sur les positions de Buzenval et sur les hauteurs de Boispréau. Du côté du sud, le général Vinoy, appuyé par une artillerie considérable, fait un mouvement en avant contre Lhay et la Gare-aux-Bœufs de Choisy-le-Roi. L'affaire devient vive. La garde nationale, la mobile et la troupe sont engagées. Le but, dit le rapport militaire, que se propose le gouverneur de Paris est atteint. D'autre part, une dépêche du général Trochu, parvenue à l'Hôtel-de Ville, fait connaître qu'il occupe solidement la position qu'il avait en vue et que l'opération suit son cours.

La démonstration sur Lhay et Chevilly dont il est question plus haut n'est qu'une fausse attaque, une diversion, si vous préférez. Le gros de l'affaire ne doit pas se passer par là. Cependant l'impatiente population parisienne, en apprenant le soir sur les boulevards, que le général Vinoy a dû faire battre ses troupes en retraite, s'écrie aussitôt : à l'Incapacité ! à la Trahison ! Des esprits réfléchis, habitués des groupes qui se forment dans les avenues, ont beau démontrer aux incrédules qu'il faut vingt combats avant de livrer la dernière bataille, qu'une retraite est souvent prévue, la surrexcitation populaire monte à son comble !

C'est à la suite de cette perturbation funeste des esprits que le Gouvernement se hâte d'inviter le public à se tenir en garde contre les faux bruits qui peuvent se répandre. En effet, les opérations militaires entreprises par le Gouverneur de Paris sont complexes ; elles comportent de feintes attaques et de fausses retraites ; il est donc impossible de rien préjuger en annonçant la prise ou l'évacuation de tel ou tel poste. Les indications de cette nature pourraient parvenir à l'ennemi et lui dévoiler nos desseins. Les mouvements préparatoires sont d'ailleurs accomplis par les troupes avec un entrain qui remplissent les chefs militaires d'espoir et de confiance. En présence des évènements imminents qui sont à la veille de s'accomplir, les citoyens finissent par comprendre que le devoir suprême est la réserve et le calme.

A cette époque, le gouvernement de la Défense nationale, sur les instances du général Clément Thomas, commandant en chef des gardes nationales de la Seine, et considérant que le subside de un franc cinquante centimes, accordé aux gardes nationaux par le décret du 13 septembre 1870 est insuffisant en présence de la hausse générale des denrées, pour faire face aux besoins de ces gardes qui ont charge de famille, ce gouvernement décrète qu'un subside complémentaire de 0,75 centimes par tête sera accordé aux femmes des gardes nationaux qui reçoivent la solde de un franc 50 cent. établi par le décret précité Ce subside sera payé directement aux femmes qui y ont droit sur des états complémentaires dressés dans la même forme et par les mêmes autorités que ceux qui servent à distribuer la solde des gardes nationaux.

—

Combats de Villiers et de Champigny. Passage de la Marne.

Les grandes opérations militaires projetées suivent leur cours. L'action décisive est proche Le 30 novembre, le Gouverneur de Paris se met à la tête du mouvement général des troupes.

L'armée du général Ducrot effectue ce

fameux passage de la Marne sur des ponts de bateaux, dont l'tablissement est retardé par une crue subite et imprévue de la rivière. L'action s'engage sur un vaste périmètre, soutenue par les forts et les batteries de positions qui, depuis un jour, écrasent l'ennemi de leur feu. Les troupes françaises sont bientôt maîtresses de Montmély (direction de Champigny (V. la carte.) Elles s'y maintiennent, et la canonnade est générale en avant de toutes les lignes. Cette grande opération est engagée sur un immense dévéloppement. Dès le soir, le général Trochu envoie la dépêche suivante du Plateau situé entre Brie-sur-Marne et Champigny. La droite de l'armée de Ducrot garde les positions qu'elle a brillamment conquises. La gauche, après avoir un peu fléchi, a tenu ferme à l'ennemi, dont les pertes sont considérables, a été obligé de se replier en arrière des crètes. La situation promet d'être excellente ; l'artillerie, aux ordres du général Frébaut, a magnifiquement combattu. Si l'on avait dit, il y a un mois, qu'une armée se formerait à Paris capable de passer une rivière difficile (La Marne) en face de l'ennemi et de pousser devant elle l'armée prussienne retranchée sur des hauteurs, personne n'en aurait rien cru.

Le général Ducrot est admirable. La division Susbielle qui, en dehors et sur la droite de l'action générale, a enlevé avec beaucoup d'entrain les portes de Montmesly (Champigny) ne peut s'y tenir devant des forces supérieures et se replie sur Créteil. Sa diversion est trouvée d'une grande utilité. Après des résultats aussi avantageux, le général Trochu passe la nuit sur le lieu de l'action qui se poursuit avec beaucoup d'élan. Le 30 novembre, des mouvements importants ont lieu sur différents points de l'enceinte. Toutes les divisions de l'armée du général Ducrot passent définitivement la Marne et occupent les postes qui leur sont assignés. Le gros de l'affaire se porte à Cœuilly et à Villiers-sur-Marne, où nos troupes montrent aussitôt un courage admirable et un vif désir de vaincre. Nous donnerons plus loin les rapports officiels complets, relatifs à ces deux grandes batailles du siége de Paris, Villiers et Champigny, où l'héroïsme de la capitale a déployé, dans deux célèbres journées, toutes les précieuses ressources du génie militaire. Nous nous bornerons, pour l'instant à poser les jalons de notre récit, d'après les documents de l'autorité militaire. C'est le seul moyen d'arriver à coordonner d'une manière précise et dans leur ordre, les mille incidents de cette période du siège.

La lutte poursuit donc son cours. Le 1er décembre, au matin, les troupes restent sur les positions qu'elles ont conquises le 30 et occupées dans la nuit du premier. Elles relèvent les blessés que l'ennemi a abandonnés sur le champ de bataille de Villiers et ensevelissent ses morts. L'armée de Paris montre plus que jamais sa résolution d'en finir avec la Prusse. L'artillerie française, placée sur le plateau d'Avron, nouvelle position conquise dans le combat de Villiers ne cesse pas de couvrir l'ennemi de ses feux terribles. Les troupes solidement établies dans leurs positions ne sont point inquiétées. Elles sont prêtes à reprendre le combat au premier signal et ne demandent qu'à marcher. L'enlèvement des blessés prussiens prend une partie de la journée du 1er décembre. D'un moment à l'autre, les hostilités sont sur le point de reprendre. En attendant, les chefs militaires sont très satisfaits de cette journée de Villiers, journée mémorable qui comptera, en effet dans l'histoire de la défense de Paris et où des jeunes troupes ont montré le sang-froid et l'intrépidité de nos soldats d'Afrique, d'Italie et Crimée. Dans ce combat où elle a conquis les fortes positions du plateau d'Avron et de Brie-sur-Marne, notre jeune armée, formée en moins de deux mois, a prouvé, en outre, ce que peuvent les soldats d'un pays de héros où chaque monument rappelle nos triomphes. Cernée par un ennemi retranché dans ces travaux de défense inexpugnables, cette armée n'a pas reculé d'un pas devant la Prusse victorieuse. Elle l'a abordée, au contraire, avec la plus grande audace. Elle a combattu douze heures sous un feu meurtrier et enlevé pied à pied les positions sur lesquelles elle couche. Le général Ducrot, Renaut, Ladreit de la Charrière, électrisent les troupes par leur vaillance et leur coopération personnelle dans les attaques

Après une journée de repos, le combat reprend. Le 2 decembre, par un de ces soleils radieux qui fait songer au soleil de l'Empereur Ier à Austerlitz, une grande bataille s'engage à Champigny. Le canon des batteries de campagne tonne avec furie, les forts de l'Est donnent avec rage et nous qui relatons ces faits, avons l'avantage d'assister pour la première fois, placé sur un point culminant des remparts de Charenton, à cette lutte suprême de Champigny qui doit décider du sort de Paris. Telle était, du moins, l'opinion du moment. Jamais spectacle plus grand et plus terrible ne s'était offert à notre vue ; les troupes françaises se battaient avec une frénésie indomptable ;

à chaque heure, nous étions témoins des progrès surprenants de sa marche en avant ; nous avions déjà foi en la délivrance et l'ami qui nous accompagnait ce jour là, ne cessait de nous répéter : « Ah ! mon cher, la Patrie est sauvée et la Prusss peut faire son testament ! » En effet, il nous semblait entendre au loin les canons de Changy mêler leur voix de tonnerre à celle de leurs frères d'armes de Paris : Plus de doute, l'armée de secours était là .. mais, ô illusion trop tôt disparue de nos cœurs patriotes ! le lendemain, à la lecture des documents officiels que nous allons transcrire, nous nous aperçumes avec douleur que notre imagination de vingt ans avait trop bien voyagéet quela victoire ne devait pas encore, pour cette fois, du moins, *nous ouvrir en chantant ses glorieus's barrières* !... Le sort en était jeté, et bien que le passage de la Marne nous eût paru d'un bon présage, il nous était parfaitement démontré, à ce moment là, que l'aveuglement de notre patriotisme nous avait caché une réalité désespérante.

Donc, dès l'aube du 2 décembre, l'ennemi attaque avec la plus grande violence les positions que Ducrot avait conquises dans les combats livrés le 29 et le 30 à Bry-sur-Marne et à Villiers. Mais les troupes sont prêtes à recevoir le combat. Un développement considérable d'artillerie, appuyé par les positions d'Avron, les forts de Nogent, de la Faisanderie, de Gravelle, des redoutes de St-Maur et du fort de Charenton, empêche l'ennemi de gagner du terrain. L'infanterie prussienne est alors obligée de se replier dans les bois, devant les efforts héroïques des armées de Paris. A cette heure, nous avons l'avantage. Aussitôt la nouvelle de l'attaque le chef d'Etat major-général, le général Schmitz, demande des troupes au général Vinoy, au général Clément Thomas qui avait déjà conduit *lui-même trente-trois* bataillons de la garde nationale parisienne sur le théatre de la lutte.

Les généraux de Beaufort et de Liguières sont prévenus également de tenir leurs troupes prêtes, et les positions du sud, Lhay, Chevilly où la fameuse diversion avait eu lieu le 29 dans le but d'attirer des masses prussiennes pour dissimuler le point véritable de l'attaque décisive ainsi que les forts de Montrouge, Issy, Vanves appuient la bataille de Champigny, sous les ordres du général Vinoy, par une nouvelle *feinte* attaque qui est vigoureusement tentéa.

Le combat continue alors sur le Plateau, situé entre Villiers et Champigny. Attaquées le matin du 2 décembre, à la pointe du jour, les troupes de Paris combattent depuis plus de sept heures. Cette fois encore, l'ennemi, placé sur toute la ligne, cède les hauteurs aux armées de Paris. La bataille dure toute la journée et des retours offensifs sont attendus. Quoique soumises au feu le plus violent, les troupes résistent et se maintiennent sur les positions. Le général Ducrot obtient l'honneur de ces deux sanglantes journées de Villiers et de Champigny. Mais malheureusement, elle ne servent qu'à nous donner d'importants avantages. Aucune armée de secours ne se présente sous les murs de Paris et la population parisienne murmure de nouveau. Beaucoup de sang répandu, dit-elle, pour ne point arriver au résultat tant désiré : le déblouquement de la capitale. Néanmoins, on attend avec une fiévreuse impatience le récit officiel des événements accomplis pendant les glorieuses journées des 29 et 30 novembre et 2 décembre. On se demande quel était le but que se proposait le gouverneur de Paris pour essayer une aussi sanglante entreprise.

Le 3 décembre, aucun incident remarquable ne se produit sur les positions occupées par les troupes de Ducrot. Cependant, dès la pointe du jour, les Prussiens commencent une série d'attaques d'avant-postes précédées d'une courte canonnade, mais le calme revient promptement sur les positions de la Marne. Quant au Plateau d'Avron, il scontinue son feu pour inquiéter les convoi incessants de l'ennemi dans la direction de Chelles.

Au milieu de ces évènements, le Gouvernement reçoit de province la dépêche suivante, datée d'Amiens 20 novembre : Bourbaki à Trochu. — Mes troupes sont prêtes à marcher. J'ai avec moi de l'artillerie et de cavalerie. Je suivrai tes instructions. Pas de Prussiens encore entre Amiens, Beauvais, Chantilly et Gisors, signé : Bourbaki. Cette nouvelle laisse froid. Les vœux de Paris se trouvent en ces lieux désormais célèbres où nos troupes supportent en ce moment avec un rare stoïcisme la température la plus rigoureuse qui n'ait jamais sévi. Après les combats de Villiers et de Champigny, les hommes de l'Hôtel-de Ville adresse à Trochu la lettre suivante : Général et bien cher Président, — depuis trois jours nous sommes avec vous par la pensée sur ce champ de bataille glorieux où se décident les destinées de la patrie. Nous voudrions partager vos dangers en vous laissant cette gloire, qui vous appartient, d'avoir préparé et d'assurer maintenant par votre noble dévouement le succès de notre vaillante armée.

Nul mieux que vous n'a le droit d'en être fier ; nul ne peut plus dignement en faire l'éloge : vous n'oubliez que vous-même ; mais vous ne pouvez vous dérober à l'acclamation de vos compagnons d'armes électrisés par votre exemple. Il nous eut été doux d'y joindre les nôtres : permettez-nous au moins de vous exprimer tout ce que notre cœur contient pour vous de gratitude et d'affection. Dites, au brave général Ducrot, à vos officiers dévoués, à vos vaillants soldats, que nous les admirons.

La France républicaine reconnaît en eux l'héroïsme noble et par qui déjà l'a sauvée. Elle sait maintenant qu'elle peut mettre en eux et en vous l'espoir de son salut.

Nous, vos collègues initiés à vos pensées, nous saluons avec joie ces belles et grandes journées où vous vous êtes révélé tout entier et qui, nous en avons la conviction profonde, sont le commencement de notre délivrance.

Jules Favre, Garnier-Pagès, J. Simon, Eug. Pelletan, Arago, Ferry, E. Picard.

Peut-on trouver un langage plus beau et une confiance plus entiere, du succès qui doit amener la délivrance de Paris ? Les évènements nous ont malheureusement trop prouvé que tout cela n'était que de belles phrases et rien de plus. Mais qu'y faire ? On avait la foi, malgré tout, et on s'étonne que le Gouvernement du 4 septembre n'ait pas voulu tirer parti d'une armée animée des plus nobles sentiments d'honneur et de bravoure,

Ces illusions de succès qu'avaient fait concevoir les glorieux combats de Villiers et de Champigny s'éclipsent aussitôt à la lecture de cette proclamation du général Ducrot, laquelle jette parmi la population parisienne un découragement complet. Malgré la résolution que prend ce général de recommencer les hostilités, on est persuadé que la trouée est manquée, on espère néanmoins.

VINCENNES, 4 décembre 1870. — Soldats ! Après deux journées de glorieux combats, je vous ai fait repasser la Marne parce que j'étais convaincu que de nouveaux efforts dans une direction où l'ennemi avait eu le temps de concentrer toutes ses forces et de préparer tous ses moyens d'action seraient stériles.

En nous obstinant dans cette voie, je sacrifiais inutilement des milliers de braves, et loin de servir l'œuvre de la délivrance, je la compromettais sérieusement et je pouvais même vous conduire à un désastre irréparable.

Mais vous l'avez compris, la lutte n'est suspendue que pour un instant, nous allons la reprendre avec résolution ; soyez donc prêts ; complétez vos munitions, vos vivres, en toute hâte, et surtout élevez vos cœurs à la hauteur des sacrifices qu'exige la sainte cause pour laquelle nous ne devons pas hésiter à donner notre vie. — Signé : DUCROT, 2e armée.

Malgré la dorure de cette pillule, Paris comprend bientôt que ce *repassage* de la Marne n'est qu'une retraite déguisée et qu'il faut, pour le moment du moins, abandonner tout espoir de délivrance. Aussi, l'armée s'est battue bravement ; chacun a fait son devoir avec la plus grande abnégation, de nombreux défenseurs sont tombés au champ d honneur, des milliers de braves peut-être, et tout cela pour lire des rapports militaires qui déclarent que les pertes de l'ennemi ont été tellement considérables pendant les glorieuses journées des 29, 30 novembre et 2 décembre que, pour la première fois, depuis le commencement de la campagne, frappé dans sa puissance et son orgueil, il a laissé passer une rivière, en sa présence, en plein jour, à une armée qu'il avait attaquée la veille avec tant de violence.

Pour égayer cette situation déplorable, une comédie franco-allemande a eu lieu à cette époque. Deux personnages seulement sont en scène : le général Trochu et le comte de Molke. Voici à quel propos.

Le gouverneur de Paris ayant reçu une lettre dont voici le texte :

Versailles, le 5 décembre 1870.

Il pourrait être utile d'informer Votre Excellence que l'armée de la Loire a été défaite hier, près d'Orléans et que cette ville est réoccupée par les troupes allemandes, si toutefois Votre Excellence juge à propos de s'en convaincre par un de ses officiers, je ne manquerais pas de le munir d'un sauf-conduit pour aller et venir.

Agréez, général, l'expression de la haute considération avec laquelle j'ai l'honneur d'être votre très-humble et très obéissant serviteur.

Le Général : Comte DE MOLKE.

A cette lettre assez ironique et blessante, le Gouverneur répondit sur le même ton et avec esprit :

Paris, 6 décembre 1870.

Votre Excellence a pensé *qu'il pourrait être utile de m'informer que l'armée de la Loire a été defaite près d'Orleans, et que cette ville est reoccupee par les troupes allemandes.*

J'ai l'honneur de vous accuser réception de cette communication *que je ne crois pas devoir faire vérifier par les moyens que Votre Excellence m'indique.*

Agréez, général, l'expression de la haute considération avec laquelle j'ai l'honneur d'être votre très-humble et très obéissant serviteur.

Général TROCHU.

Cette réplique haute et fière du gouverneur de Paris. obtient l'approbation de Paris. De leur côté, les membres de l'Hôtel-de-Ville font alors immédiatement afficher ces lignes :

Cette nouvelle de la reprise d'Orléans qui nous vient par l'ennemi, en la supposant exacte, ne nous ôte pas le droit de compter sur le grand mouvement de la France accourant à notre secours. Elle ne change rien ni à nos résolutions, ni à nos devoirs. Un seul mot les résume : Combattre ! Vive la France ! Vive la République !

Pendant que notre armée victorieuse à Villiers et Champigny se repose de ses fatigues, le corps des Eclaireurs de la Seine qui fait bravement son devoir durant le siége, sous le commandement de M. Poulizac, pousse, à cette époque, une vigoureuse reconnaissance vers Aulnay, sur le chemin de fer de Soissons, vers Blanc-Mesnil. Il s'empare de trois postes prussiens à Drancy et à Aulnay et met définitivement en fuite les Allemands. Sept ennemis sont tués, et le reste est blessé. Les éclaireurs montrent un entrain digne des plus grands éloges. Si nous relatons ces petits faits militaires dus à l'initiative privée, c'est pour bien établir que tous les corps spéciaux qui se sont formés à Paris, au seul cri déchirant de la Patrie en deuil, ont tous participé avec un courage stoïque à la résistance de la capitale. Ils ont donné là un exemple magnifique de valeur et de désintéressement.

Le commandant Franchetti qui faisait partie de ce corps d'éclaireurs, a payé de sa vie sa dette à la patrie, de même que les Dampierre, les Charrière et le général Renaut qui a succombé aux blessures qu'il a reçues sur les champs de bataille de Villiers et de Champigny. A propos lecteurs, il est temps de vous donner ici, ainsi que nous l'avons fait, dès le début de ce travail, pour les combats de Chatillon, du Bourget, de la Malmaison, de la Jonchère, les récits à peu près officiels et anecdoctiques des deux grandes affaires de Champigny et de Villiers. Nous avons voulu autant que possible choisir les relations les plus curieuses écrites par des témoins oculaires. A ce titre, nous n'en doutons pas, nous éveillerons l'intérêt. Il est malheureux, sans doute, que les deux plus grands actes du siège de Paris, n'aient pas eu le dénouement espéré, mais ils serviront tout de même à faire voir comment se battaient les soldats de la République de 1870. Laissons d'abord la parole aux documents officiels; viendront ensuite les récits de quelques écrivains qui ne se sont pas nommés. C'est au *Figaro* que nous empruntons l'histoire de ces deux journées mémorables.

CHAMPIGNY ET VILLIERS.

RAPPORT MILITAIRE

Les dernières sorties opérées par l'armée de Paris pendant les journées des 29 et 30 novembre, 1er, 2 et 3 décembre, ont amené des engagements sur la plupart des points des lignes d'investissement de l'ennemi.

Dès le 28 novembre au soir, les opérations étaient commencées.

A l'est, le plateau d'Avron était occupé

à huit heures par les marins de l'amiral Saisset, soutenus par la division d'Hugues, et une artillerie nombreuse de pièces à longue portée, était installée sur ce plateau, menaçant au loin les positions de l'ennemi et les routes suivies par ses convois à Gagny, à Chelles et à Gournay.

A l'ouest, dans la presqu'île de Gennevilliers, des travaux de terrassement étaient commencés sous la direction du général de Liniers ; de nouvelles batteries étaient armées ; des gabionnades et des tranchées-abris étaient installées dans l'île Marante, dans l'île de Bezons et sur le chemin de fer de Rouen. Le lendemain, le général de Beaufort complétait les opérations de l'ouest en dirigeant une reconnaissance sur Buzenval et les hauteurs de la Malmaison, en restant sur sa droite relié devant Bezons aux troupes du général de Liniers.

Le 29, au point du jour, les troupes de la 3e armée, aux ordres du général Vinoy, opéraient une sortie sur Thiais, l'Hay et Choisy-le-Roi, et le feu des forts était dirigé sur les divers points signalés comme servant au rassemblement des troupes de l'ennemi.

Des mouvements exécutés depuis deux jours, avaient garni de forces importantes la plaine d'Aubervilliers et réuni les trois corps de la 2e armée aux ordres du général Ducrot sur les bords de la Marne.

Le 30 novembre, au point du jour, des ponts préparés hors des vues de l'ennemi se trouvaient jetés sur la Marne, sous Nogent et Joinville, et les deux premiers corps de la 2e armée, conduits par les généraux Blanchard et Renault, exécutaient rapidement avec toute leur artillerie, le passage de la rivière. Ce mouvement avait été assuré par un feu soutenu d'artillerie partant des batteries de position établies sur la rive droite de la Marne à Nogent, au Perreux, à Joinville et dans la presqu'île de Saint-Maur.

A neuf heures, ces deux corps d'armée attaquaient le village de Champigny, le bois du Plant et les premiers échelons du plateau de Villiers. A onze heures, toutes ces positions étaient prises, et les travaux de retranchement étaient déjà commencés par les troupes de seconde ligne, lorsque l'ennemi fit un vigoureux effort en avant, soutenu par de nouvelles batteries d'artillerie. A ce moment, nos pertes furent sensibles : devant Champigny, les pièces prussiennes établies à Chennevières et à Cœuilly refoulaient les colonnes du 1er corps, tandis que de nombreuses troupes d'infanterie, descendant des retranchements de Villiers, chargeaient les troupes du général Renault. Ce furent alors les énergiques efforts de l'artillerie, conduite par nos généraux Frebault et Boissonnet, qui permirent d'arrêter la marche offensive que prenait l'ennemi.

Grâce aux changements apportés dans l'armement de nos batteries, l'artillerie prussienne fut en partie démontée, et nos hommes, ramenés à la baïonnette par le général Ducrot, purent prendre définitivement possession des crêtes.

Pendant ces opérations, le 3e corps, sous les ordres du général d'Exéa, s'était avancé dans la vallée de la Marne jusqu'à Neuilly-sur-Marne et Ville-Evrard. Des ponts avaient été jetés au Petit-Bry, et Bry-sur-Marne était attaqué et occupé par la division Bellemare. Son mouvement retardé par le passage de la rivière, se prolongea au-delà du village jusqu'aux pentes du plateau d

Villiers, et les efforts de ses colonnes vinrent concourir à la prise de possession des crêtes, opérée par le 2e corps en avant de Villiers. Le soir, nos feux de bivouac s'étendaient sur tous les côteaux de la rive gauche de la Marne, tandis que brillaient sur les pentes de Nogent et Fontenay, les feux de nos troupes de réserve.

Ce même jour, 30 novembre, la division Susbielle, soutenue par une importante réserve des bataillons de marche de la garde nationale, s'était portée en avant de Créteil, et avait enlevé à l'ennemi les positions de Mesly et Montmesly, qu'elle devait occuper jusqu'au soir.

Cette diversion sur la droite des opérations de la 2e armée, était soutenue par de nouvelles sorties opérées sur la rive gauche de la Seine, vers Choisy-le Roy et Thiais, par les troupes du général Vinoy.

Au nord, l'amiral La Roncière, soutenu par l'artillerie de ses forts, avait occupé, dans la plaine d'Aubervilliers, Drancy et la ferme de Groslay ; de fortes colonnes ennemies avaient été ainsi attirées sur les bords du ruisseau la Morée, en arrière du pont Iblon. Vers deux heures, l'amiral traversa Saint-Denis, et se portant de sa personne a la tête de nouvelles troupes, dirigeait l'attaque d'Epinay que nos soldats, soutenus par des batteries de la presqu'île de Gennevilliers, ont pu occuper avec succès.

Le 1er décembre, il n'y eut que quelques combats de tirailleurs au début de la journée devant les positions de la 2e armée, et le feu du plateau d'Avron continua a inquiéter les mouvements de l'ennemi à Chelles et à Gournay, dans le mouvement de concentration considérable qu'il opérait la nuit surtout, pour amener de nouvelles forces en arrière des positions de Cœuilly et de Villiers.

Le 2 décembre, avant le jour, les nouvelles forces, ainsi rassemblées, s'élancèrent sur les positions de l'armée du général Ducrot ; sur toute la ligne l'attaque se produisit subitement et, à l'improviste, sur les avant-postes des trois corps d'armée, de Champigny jusqu'à Bry-sur-Marne.

L'effort de l'ennemi échoua : soutenues par un ensemble d'artillerie considérable, nos troupes, malgré les pertes qu'elles avaient à subir, opposèrent la plus solide résistance. La lutte fut longue et terrible. Nos batteries arrêtèrent les colonnes prussiennes sur le plateau, et dès onze heures les efforts de l'ennemi étaient entièrement vaincus. A quatre heures, le feu cessait et nous restions maîtres du terrain de la lutte. Le 3 décembre, sans que l'ennemi pût inquiéter notre retraite, aidés par le brouillard, 100,000 hommes de la 2e armée avaient de nouveau passé la Marne, laissant l'armée prussienne relever ses morts.

Nos pertes, dans ces diverses journées, ont été de :

	OFFICIERS.		TROUPES.	
	Tués.	Blessés.	Tués.	Blessés.
2e armée . . .	61	301	711	4,098
3e armée . . .	8	22	192	364
Corps d'armée de Saint-Denis .	3	19	33	218
Totaux .	72	342	936	4.680

RÉSUMÉ :

	Tués.	Blessés.
Officiers. . .	72	342
Troupes. . .	936	4,680
Totaux .	1,008	5,022

Un rapport détaillé, adressé au ministre de la guerre, sera ultérieurement publié.

—

Les pertes de l'ennemi ont été des plus considérables ; elles sont en rapport, du reste, avec les efforts qu'il a faits pour nous enlever nos positions. Ecrasé par une artillerie formidable sur tous les points où elle se présentait, nos projectiles l'atteignaient jusque dans ses plus extrêmes réserves, et d'autre part, des officiers prisonniers ont déclaré que plusieurs régiments avaient été détruits par notre feu d'infanterie en avant de Champigny.

P. O. *Le général chef d'état-major général,*

SCHMITZ.

—

Appelons l'affaire de Champigny, de Villiers et de Petit-Bry, de son nom véritable. C'est plus qu'un combat et moins qu'une bataille. C'est une grande reconnaissance offensive, ayant duré plusieurs jours et comprenant des mouvements et des combats successifs et simultanés. Cette reconnaissance a été brillante. Elle a eu trois résultats importants :

1° Elle a affaibli l'ennemi par la mort, la prise ou la mise hors de combat d'un nombre de ses soldats beaucoup plus considérable que celui des nôtres tués ou blessés ;

2° Elle nous a fait connaître la tactique de l'ennemi et la nature de ses ouvrages, en même temps qu'elle nous a permis d'apprécier la puissance de notre armement, et l'efficacité de l'action de nos forts ;

3° Elle a montré à l'ennemi que nous avions une armée vaillante, quoique improvisée, et que Paris pouvait, sans dégarnir ses défenses, mettre en ligne des forces imposantes.

Résultats matériels et résultats moraux. tout est bon pour nous dans cette affaire, et si l'ennemi a de nous cette pensée que des circonstances imprévues nous ont empêchés de la mener plus loin, cela doit lui prouver davantage encore qu'il s'est engagé dans une aventure des plus dangereuses, où il est sûr d'aboutir, tôt ou tard, à une catastrophe.

« — Près de trois mois se sont écoulés depuis l'investissement de Paris, ont dû se dire les Allemands, sans que les Français nous aient fait un tort sérieux. Et au bout de ces trois mois, voici une attaque calculée, raisonnée, méthodique ! L'heure du découragement ne sonnera donc jamais pour eux !... Décidément, nous avons eu tort de perdre du temps et de les laisser arriver à ce degré d'organisation. L'hiver aidant, notre position devient fort critique... »

Et malgré la confiance, — bien justifiée d'ailleurs, — qu'a le soldat ennemi dans l'habileté de ses généraux, la campagne doit lui paraître horriblement longue et aussi fort pénible.

—

Le Passage de la Marne.

—

Si vous vous pénétrez de cette idée fort juste, que, si un de nos boulets arrive à l'ennemi sur un point, le boulet de l'ennemi doit également pouvoir arriver au point d'où nous lui envoyons le nôtre, vous comprendrez toute l'importance de l'opération première de cette petite campagne : « le passage de la Marne. »

Joinville-le-Pont est situé en amphithéâtre, sur le coteau que couronnent la redoute de la Faisanderie au centre, le fort de Nogent à gauche, et la redoute de Gravelle à droite. Ces ouvrages fixes, et d'autres travaux récents que nous n'indiquerons pas, protègent le camp retranché de Vincennes. La route qui longe sur le plateau ne peut descendre vers la Marne, tant la côte est escarpée, que par des chemins en lacet, dont le point de rencontre est la tête du pont de Joinville. Ce pont, suffisamment large, bien construit, en pierre, mène dans la presqu'île de Champigny, où il se continue en chaussée élevée, jusqu'à ce qu'il se confonde avec le sol d'une magnifique route.

Qu'on nous pardonne même notre franchise. Quand, au début de cette malheureuse guerre, il a été question de passer le Rhin, on racontait cet entretien d'un officier français et d'un officier allemand :

— Nous franchirons votre Rhin, disait le Français.

— Mais vous n'avez pas de tête de pont ?

— Allons donc ! nous prendrons la vôtre !...

Dès que Paris a été investi, on ne s'est pas assez souvenu de ce que cette plaisanterie a au fond de très sérieux.

On a coupé tous les ponts.

Passe encore pour ceux de Saint-Cloud et de Sèvres, où notre côté était à découvert, tandis que le côté ennemi, formé de hauteurs, pouvait cribler de projectiles, presque à bout portant, les soldats qui s'aventureraient sur la chaussée. Mais à Joinville !... La moindre barricade en avant du pont eut suffi pour arrêter les fantassins ennemis, tandis que la *Faisanderie* les eut broyés comme verre !... Et s'ils avaient franchi cet obstacle, le moindre fil eut suffi pour conduire aux mines une étincelle électrique qui eût fait sauter alors le pont, en ensevelissant un grand nombre d'ennemis sous ses débris !

L'extrême prudence est voisine de l'imprudence. Nous aurions pu livrer, dans la presqu'île de Champigny, vingt combats, y tuer des milliers de Prussiens, avoir pendant trois mois, sur ce point exceptionnel, des succès reconfortants pour nous, démoralisants pour l'ennemi !... Mais on avait fait sauter le pont.

La faute a été réparée le 29 novembre. Mais là se place un incident absolument fortuit, dont le rapport militaire ne fait pas mention.

La proclamation du général Ducrot était connue le 28 au soir. Elle était affichée le 29 au matin. M. de Bismark est trop habile pour n'avoir pas, malgré la fermeture des portes, quelques données sur ce qui se passe chez nous.

Donc les Prussiens se préparaient dès le 29 novembre dans la journée. En quelle déroute les eût-on mis si ce jour là, dès quatre heures du matin, la petite fête eût commencé !

Mais on ne passe la Marne que le 30, à sept heures cinq minutes du matin ! L'ennemi avait eu au moins douze heures pour se préparer.

Ce fut un hasard seul qui nous fit perdre ce précieux avantage. On avait projeté des ponts de chevalet, c'est-à dire des tréteaux solides, que de rudes gaillards posent sur le fond d'une rivière, puis sur lesquels on place un plancher bien boulonné. Mais la Marne a une de ces crues subites à laquelle ses riverains sont habitués. L'opération est impossible.

Cela nous fit perdre vingt-quatre heures

et permit à l'ennemi d'en gagner douze.

Mais on sut déployer une telle activité, improviser des moyens si sûrs et si prompts que l'opération, remise au lendemain matin, réussit avec une rare précision. Les marins, les charpentiers, les pontonniers, conduits par leurs chefs et par des ingénieurs des ponts-et-chaussés, établirent des ponts de bateaux assez solides pour que l'artillerie put y passer au galop. Le pont de pierre fut lui-même réparé suffisamment pour que l'infanterie pût s'en servir.

Le matériel des ponts, mis à flot à Joinville, en venant de Paris par eau, était remorqué par des bateaux-mouches. Le va-et-vient de ces petits vapeurs. Les manœuvres des ouvriers donnaient à la Marne un aspect des plus curieux. On eût dit une gigantesque fête nautique. Les canons des forts et des ouvrages de Nogent et du Perreux, par leurs détonations incessantes, ajoutaient à l'effet.

Massée sous les ombrages de Vincennes et de Nogent, l'armée de Ducrot attendait l'heure fixée. Les feux étaient allumés. Les soldats, groupés autour des brasiers ardents, écoutaient les histoires des loustics de régiment, et se livraient aux apprêts d'un campement sommaire. Tous étaient pleins d'ardeur et d'entrain.

On ne dormit guère, dans la nuit du 29 au 30 novembre. Les soldats, électrisés par la proclamation du général, songeaient ou chantaient.

Dès que le jour commença à paraître les troupes étaient rangées sur les chaussées qui descendent vers la Marne.

A sept heures moins cinq minutes, les canons roulèrent des hauteurs de Saint-Maur et s'engagèrent sur le premier pont, tandis que l'infanterie, en colonnes serrées, franchissait les autres. Bientôt la large route de Champigny fut encombrée. A la fourche, les régiments se séparèrent. Les uns se dirigèrent par le chemin de gauche sur Villiers, tandis que les autres prenaient à droite la route de Champigny et Chennevières. En même temps, les ponts de Nogent et de Bry livraient passage au corps du général d'Exea, qui enlevait le village de Petit-Bry et gagnait pied à pied les étages inférieurs du plateau de Villiers

Avec une précision remarquable, les batteries des forts précédaient ce mouvement. L'infanterie trouvait sur le terrain où elle avançait les traces du passage récent de nos obus qui lui préparaient la voie.

Puis les forts s'arrêtèrent, et le canon se fit entendre à l'intérieur même de la presqu'île. L'artillerie de campagne venait de prendre position et ouvrait son feu.

A Champigny.

Les batteries de Saint Maur avaient fait la place nette dans le gros village de Champigny, qui forme la tête de la route de Chennevières Nos soldats s'y engagèrent avec résolution, et arrivés à l'endroit où le chemin de Champignolle à Bry coupe la route de Chennevières, ils prirent position derrière une forte barricade laissée là par les Allemands.

Tout à coup, du tournant de la route nos troupes virent déboucher une colonne ennemie, s'avançant dans l'ordre le plus parfait, gravement, solennellement, comme dans une parade. Ce spectacle était on ne peut plus émouvant ; les nôtres regardaient avec admiration.

A deux cents mètres de la barricade, les

premiers rangs mettant genou à terre, ouvrirent tranquillement leurs s cs de cartouches, les posèrent à côté d'eux, et la fusillade commença.

Une décharge terrible de chassepots faucha les premiers rangs ; plusieurs fois ils furent renouvelés. Enfin, épuisés par ces hécatombes des leurs, les Allemands se replièrent. La terre était jonchée de leurs cadavres.

Dans l'après-midi, les masses ennemies se ruèrent de nouveau à l'attaque de nos positions et le feu prit sur toute la ligne une épouvantable intensité.

De l'aveu des vieux soldats des deux pays, jamais encore, dans les diverses batailles auxquelles ils avaient assisté, ils n'avaient entendu d'aussi formidables détonations.

Voilà ce que furent ces combats de Villiers et de Champigny où le courage français se déploya dans toute son inébranlable. intrépidité. Mais, nous autres Parisiens, nous attendions plus des efforts surhumains et désespérés qu'avait tentés l'armée de Paris pour briser le cercle de fer qui enserrait ses murs protecteurs, car nous rêvions la délivrance et le bonheur de revoir nos familles délaissées.

Néanmoins au milieu de toutes ces tourmentes des batailles et du siége, la charité répand ses bienfaits sur les classes nécessiteuses. Un généreux anglais, M. Richard Wallace, l'héritier du célèbre Lord d'Hertfort, se distingue d'une façon exceptionnelle ; il donne, en une seule fois, 200,000 francs pour acheter du bois aux pauvres. Il souscrit, en outre, des sommes énormes au profit des blessés. Il installe dans le quartier des Champs-Elysées, une ambulance modèle pourvue d'un matériel de voitures et de brancards qui ne lui coûte pas moins de *cinq cents francs par jour* ; bref, il devient le protecteur aimé de toute la population parisienne et il est juste d'attacher le nom de ce noble étranger à l'histoire du siége de Paris. C'est, du reste, lui rendre ici un témoignage public de reconnaissance.

L'ALIMENTATION PENDANT LE SIÉGE

Si, aux milieu des douleurs domestiques qui meurtrissent les âmes des assiégés, des mains bienfaisantes savent adoucir le sort des malheureux, un grave sujet vient frapper de stupeur la population de Paris : c'est la question du pain. Jusqu'à présent elle n'avait peu songé à cette terrible mesure du rationnement du pain ; confiante dans la prudence et la bonne administration des membres de la Défense nationale, elle avait toujours cru qu'elle ne subirait pas cette cruelle épreuve Mais un arrêté de l'Hôtel-de-Ville vient couper court aux illusions que la crédulité des Parisiens avait carressées. Il est désormais décidé que chaque assiégé aura droit à 300 grammes de pain par jour et par tête et qu'à cet effet, il devra être muni d'une carte sur laquelle un agent de la mairie contrôlera par un signe, la date à laquelle la quantité de pain *autorisée* a été délivrée. Une émotion légitime se produit à la suite de cet arrêté. On se bouscule aux boulangeries ; la *panique* (c est le mot) s'empara des plus résolus et chacun envahit les boutiques où l'on ramasse bien vite les pains qui s'y trouvent. Cependant un peu de calme succède aux inquiétudes de la population, car elle finit par comprendre que les provisions de pains ne se conservent pas comme un stock de pommes de terre ou autres légumes Elle prend donc philosophiquement son parti, et nos ménagères, avec un dévouement et un stoïcisme qui constituent l'honneur de leur sexe, s'en vont chaque matin, par tous les temps, dans la neige et dans la boue, se mettre aux différentes queues qui se déroulent chaque jour devant les boulangeries de la ville de Paris.

Après la question du pain, surgit celle de la viande ; bien que le rationnement de cet aliment ait été fixé à 250 grammes par personne dès les premiers jours de l'investissement, réquisition est faite vers la fin de décembre de tous les chevaux, ânes et mulets existant à Paris et dans le territoire en deçà de la ligne des avant postes français. Par l'effet de cette réquisition, il est bien entendu que les détenteurs de ces animaux n'ont pas le droit de les vendre, ni de les faire abattre. Cette mesure prise par le gouvernement fait pressentir une réduction dans le rationnement et bientôt les assiégés sont informés qu'il ne leur sera plus accordé que 100 grammes de viande par tête.

Pendant que, de son côté, le gouvernement de la Défense torture, par son imprévoyance, la population, d'un autre côté, la compagnie des Mariniers-Sauveteurs de la Seine, sous la direction de MM. P. de la Moulière et Meunier, rend plus abondante la provision de poissons qui, après s'être vendus 16 francs le kilogramme, redescend au maximum de 10 francs. Grâce à leurs efforts combinés, ils fouillent la Marne et la Seine et alimentent les halles de Paris et les ambulances de l'armée de Paris.

Les légumes rencontrent aussi un homme qui sait leur donner une culture très étendue sur laquelle on ne compte guère dans des temps aussi difficiles. M. Joigneaux, que la reconnaissance publique et les suffrages de ses concitoyens ont envoyé à l'Assemblée nationale, réunit les plus affriolantes productions maraîchères dans l'ancienne banlieue annexée à Paris. On y voit des carottes, des oignons, des poireaux, du cerfeuil, des épinards, des choux, des salades, des radis, etc.. Inutile de retracer l'allégresse des Parisiens soumis à l'abstinence ; aussi ont-ils montré à M. Joigneaux que l'ingratitude ne devait pas être l'indépendance du cœur.

Terminons la série des principales branches de l'alimentation, en consignant ici la vogue qu'obtint pendant le siége ces hideux petits animaux, au museau futé, qui peuplent les égouts de Paris et les gargouilles de ruisseaux. Nous avons nommé le rat qui se vend jusqu'à cinq francs la pièce, et encore faut-il qu'il ait atteint ce degré de grosseur qui le fait ressembler au lapin et au chat. Après ces vilaines bêtes, est-il bien nécessaire de parler du poulet dont le prix devient inabordable et du fromage qui se montre si peu, qu'on est tenté de le comparer à Mme Benoiton.

—

Opérations Militaires.

Une nouvelle attaque paraît imminente à la date du 19 décembre. L'ordre du gouverneur de Paris invitant l'autorité militaire à fermer les portes de l'enceinte, donne un certain crédit à ce bruit qui ramène encore l'espoir au sein d'une population habituée aux déceptions. Sur ces entrefaites, une dépêche de Gambetta annonce qu'il reforme, avec Bourbaki, l'armée de la Loire, si éprouvée depuis sa pointe sur Orléans. Il proteste contre l'anéantissement de cette armée ; elle est pleine, au contraire, dit-il, du plus ardent patriotisme ; elle se divise en deux parties, à cette époque, l'une sous le commandement de Chanzy, l'autre de Bourbaki.

D'après cette dépêche, Chanzy tient avec une ténacité indomptable contre l'armée de Mecklembourg et du prince Frédéric-Charles. Les Prussiens tentent un mouvement tournant par la Sologne, mais Bourbaki s'est retiré sur Bourges et Nevers. Faidherbe opère dans le Nord et Manteufel a rebroussé chemin de Honfleur sur Paris. L'ordre règne partout, ajoute Gambetta, les bonnes nouvelles, à la veille d'une lutte importante, ne font que redoubler l'énergie et le courage des assiégés dont la fraction militaire s'apprête à un prochain combat. En effet, l'attaque commence le 21 décembre, au matin, sur une grande étendue, depuis le Mont-Valérien jusqu'à Nogent-sur-Marne ; mais les opérations commencées de bonne heure sont interrompues par la nuit. Néanmoins, sur la droite de l'armée en marche, les généraux de Malroy et Blaise, sous les ordres de Vinoy, occupent heureusement Neuilly sur-Marne, Ville Evrard et la Maison Blanche. Le feu de l'ennemi est éteint sur tous les points où il avait établi des batteries pour arrêter l'action, à la suite d'un combat très vif d'artillerie. Le général Favé qui commande l'artillerie de la 3e armée est blessé. Le plateau d'Avron et le fort de Nogent avaient appuyé cette opération.

LE COMBAT DU BOURGET — PRISE DE CE VILLAGE.

Pendant que le général Noël, du côté du Mont Valérien, fait une feinte démonstration vers sept heures du matin sur Montretout, au centre sur Buzenval et Longboyau pour permettre au commandant du génie du Mont-Valérien, Faure, de s'emparer de l'Ile de Chiard ; à l'est, dès le matin, l'amiral La Roncière Le Noury attaque le Bourget. Le bataillon des marins du 138e de ligne, sous l'énergique direction du capitaine de frégate, Lamothe Thenet, enlève la partie nord de ce village en même temps qu'une attaque menée vigoureusement par le général Lavoignet, dans la partie sud, se voit arrêtée malgré ses efforts, par de fortes barricades et des murs crénelés. Pendant près de trois heures, les troupes se maintiennent dans le nord du Bourget jusqu'au delà de l'Eglise, luttant pour conquérir les maisons une à une sous les feux tirés des caves et des fenêtres et sous une grêle de projectiles. Obligés alors de se retirer, leur retraite se fait avec ordre. Simultanément une diversion importante est effectuée par les 10e, 12e, 13e et 14e bataillons des gardes mobiles de la Seine et une partie du 62e bataillon de la garde nationale mobilisée de Saint-Denis, sous le commandement supérieur du colonel Dautremont.

Les pertes sont sérieuses dans ce combat du Bourget qui restera certainement l'un des plus beaux épisodes militaires du siége, car de jeunes troupes, représentées par les mobiles de la Seine, montrèrent dans cette lutte la furie, le sang-froid et le courage des soldats les plus aguerris. Elles surent également combattre non seulement l'ennemi commun, mais aussi les rigueurs excessives de la saison.

—

Le Bombardement.

Le 27 décembre, le siége de Paris rentre dans une phase nouvelle, la plus terrible de toutes celles que l'on a eu à essuyer pendant ces longs jours de luttes et de jeûne forcé. Nous voulons parler du bombardement de la Capitale. A cette époque, et comme début, l'ennemi démasque ses trop célèbres batteries de siége contre les forts de l'est, de Noisy à Nogent et contre le nord d'Avron. Ces batteries se composent de pièces à longue portée dont on a pu voir le modèle à l'Exposition universelle de 1867, sans se douter qu'un jour viendrait où ces canons de premier calibre battraient en brèche justement le quartier dans lequel la générosité française avait placé les merveilles de toute l'Europe. C'est, en effet, le côté sud de Paris qui souffre le plus du bombardement pendant le siége ; depuis le Champ-de-Mars en passant par Grenelle, Vaugirard, Issy, Montrouge, Vanves, c'est pendant un mois entier, c'est-à-dire du 27 décembre au 27 janvier, une pluie continuelle d'obus, semant partout la destruction et la mort.

Le feu des batteries prussiennes devient donc très-vif, à cette époque du siége, et comme cette canonnade furieuse est le commencement d'un bombardement qui devient général, toutes les dispositions militaires sont prises dans le but de repousser les attaques et de protéger les défenseurs. En résumé, cette première journée du bombardement ne répond pas aux vues de l'ennemi Pour rassurer la population qui s'émeut d'abord de ce nouveau genre de cruauté, Jules Favre déclare, dans une de ces proclamations qui paraissent être pendant le siége, la marotte des gouvernants, que l'attaque désespérée de l'ennemi ne fera qu'augmenter le courage de la population parisienne. Elle a promis, ajoute-t-il, par sa constance, qu'elle est résolue à une résistance opiniâtre ; elle s'associera aux nobles efforts de ses défenseurs, en redoublant de calme et de patriotisme. Prête à tous les sacrifices pour sauver la patrie, elle ne peut être surprise ni ébranlée par aucune épreuve.

Le bombardement se ralentit pendant quelques jours, mais pour recommencer ensuite avec la plus grande violence. Le Gouverneur de Paris se rend alors à Avron. Nogent et Noisy reçoivent les premiers effets du bombardement ; le fort de Rosny riposte vigoureusement et le duel d'artillerie se résume ainsi entre les belligérants : Raincy contre Noisy, Gagny contre Rosny, Gournay contre Avron, Noisy contre Nogent.

Plus tard, le bombardement de Paris prend un plus grand développement, et des hauteurs de Chatillon, les batteries Krupp couvrent d'obus du plus fort calibre toute la partie sud de Paris. Les forts d'Issy, Vanves, Montrouge essuient un feu terrible. Dans les quartiers situés en-deçà de l'enceinte de la capitale, résonnent de quart-d'heure en quart-d'heure le sifflement sinistre des bombes. Chaque jour amène ses victimes, et telle ménagère partie le sourire aux lèvres à la recherche des provisions, revient au logis broyée par un éclat d'obus. Malgré ce triste spectacle auquel les assiégés assistent et qui doit marquer sans doute la fin de cette épreuve effroyable, la gaieté n'abandonne pas les cœurs ; on s'enhardit ; on se fait à ce bombardement : les promeneurs affluent dans les rues ; les concerts font entendre leurs joyeux crin-crins et le facétieux gamin de Paris feignant d'entendre le sifflement aigu d'un obus, crie aux gens de se coucher par terre, pour laisser passer le projectile ; le plus souvent, il n'en est rien et le gavroche intraitable s'est donné le malin plaisir de faire mettre ventre à terre à quelques bourgeois ou bourgeoises qui rient bien lorsqu'il fait beau temps, mais qui se fâchent aussi lorsqu'ils ont été obligés de déposer leur abdomen dans la boue. Aussi, la population de Paris ne semble pas du tout terrifiée par les effets du bombardement. Du 17 au 18 janvier où le tir de l'ennemi a été le plus violent, on signale 20 victimes. Des enfants, des femmes, des hommes tombent sous le coup des obus. Néanmoins l'ardeur guerrière ne s'affaiblit pas et le 19 janvier se livre, sans contredit, un des plus importants engagements de tous les combats livrés sous Paris.

—

BUZENVAL ET MONTRETOUT.

Dès le matin du 19 janvier, trois corps d'armée formant plus de 100,000 hommes et pourvus d'une artillerie puissante, sont aux prises avec l'ennemi. Les trois chefs de corps, les généraux Vinoy, Ducrot et de Bellemare dirigent l'action et y prennent part. Chose digne de remarque, les bataillons de la garde nationale mobilisée sont mêlés pour cette lutte furieuse aux troupes de ligne et de mobile. Ils participent avec honneur aux différents points de l'attaque.

Le corps du général Vinoy opère sur la gauche par la route parallèle à la Seine et au chemin de fer de Versailles qui aboutit à la redoute projetée de Montretout. Celle-ci est prise et occupée à dix heures par la garde nationale mobilisée qui a montré, dans cette première attaque un élan irrésistible. L'artillerie reçoit alors l'ordre d'occuper le plateau voisin de Montretout et de tirer sur Garches Le général de Bellemare, entré dans Buzenval, attaque la Bergerie et fait sa jonction avec Vinoy. La droite de l'armée est confiée au général Ducrot et les troupes sont massées depuis 3 heures du matin ; mais, malheureusement, ce général commence l'attaque deux heures trop tard. Sa colonne se dirige vers les hauteurs en traversant la plaine sur la route de Bougival. Mais cette marche est arrêtée par le feu d'une batterie prussienne établie au-dessus de carrières St-Denis. Le général paralyse l'action de l'ennemi en la détournant et en prenant les carrières St Denis en écharpe. Ce mouvement a du succès et les Prussiens lancent une grêle de projectiles sur les batteries blindées qui ont puissamment aidé la droite de l'armée.

Le général Ducrot lance ensuite ses troupes dans la direction de la Celle St-Cloud et atteint la Bergerie par le fond du parc de Buzenval sous le feu ennemi des créneaux dont sont percés tous les murs de clôture. Pendant plusieurs heures, la lutte est vive au château de Buzenval où le général de Bellemare montre une grande impétuosité. Parti du rond-point de Courbevoie, le corps d'armée du centre côtoie la droite des glacis du Mont Valérien, laisse à gauche la ferme de la Fouilleuse, et franchissant la route de la Malmaison, pénètre par une brèche dans le parc de Buzenval Là, l'ennemi est retranché d'une façon formidable. Des lignes de tranchées se succèdent sur la pente. Chaque tranchée ne peut être enlevée qu'au prix de très grands sacrifices d'hommes. Chaque fossé franchi, l'ennemi se représente plus nombreux et plus terrible... Cependant, au bout de six heures, la première ligne de bataille met pied sur les ruines de la Bergerie. Fuyant dans les tranchées, les Prussiens se replient vers Garches. Mais la colonne française prend position sur une hauteur qui s'avance sur St-Cloud. L'artillerie s'installe et le combat recommence de plus belle ; à Paris, arrive la nouvelle que les troupes accompagnées de la garde nationale mobilisée de la Seine, sont en marche sur Versailles, mais au moment où les explosions du patriotisme éclatent de toutes parts, on apprend par un rapport militaire du gouverneur de Paris que la journée, heureusement commencée par la prise de la redoute de Montretout et le combat de Buzenval, n'a pas eu l'issue qu'on pouvait espérer.

L'ennemi qu'on avait surpris le matin, par la soudaineté de l'attaque a, dit le général Trochu, fait converger sur ces troupes des masses d'artillerie énormes avec ses réserves d'infanterie. Vers trois heures, la gauche très vivement attaquée, a fléchi. Le gouverneur a dû alors se porter à cette gauche, après avoir ordonné de tenir ferme. Mais la nuit venant, et le feu de l'ennemi continuant avec une intensité excessive, les colonnes se retirent des hauteurs qu'elles avaient gravies le matin avec une *furia* toute française.

Le Gouvernement rend hommage à la garde nationale mobilisée qui a montré autant de solidité que de patriotique ardeur. Dès que ces nouvelles parviennent sur les places publiques, les figures qui s'étaient épanouies à l'annonce d'une marche forcée sur Versailles, deviennent de plus en plus sombres. Chacun comprend que peut-être un grand nombre d'hommes ont été sacrifiés sans qu'aucun but heureux pour notre drapeau ait été atteint. Le parti ultra démagogique qui, pendant la période du siége, lève deux fois la tête dans des circonstances malheureuses pour nos armes, se réveille de nouveau et profite du découragement et de la colère de la population parisienne pour tenter un mouvement insurrectionnel.

—

LE 22 JANVIER --EQUIPÉE RÉVOLUTIONNAIRE!

Ainsi, à l'heure où le canon ennemi gronde encore avec intensité, une lâche minorité d'agitateurs essaient d'exécuter une nouvelle équipée démagogique La faction terroriste et le parti de l'opposition déploient leur étendard : tous deux, sous le fallacieux prétexte que la sortie du 19 janvier (Buzenval et Montretout) est restée infructueuse, courent remuer les masses pour les jeter ensuite dans le sang de la guerre civile et aggraver ainsi les périls d'une situation déjà si excessivement tendue. Ce complot est ourdi, un jour de deuil. L'enterrement du colonel Rochebrune sert de prétexte à tous les conciliabules que tiennent les chefs de parti pour diriger un coup de main révolutionnaire et anti patriotique. Ils se concertent, ce jour-là, sur toutes les mesures à prendre pour le mener à bien, et au lieu de songer à la douleur poignante qui déchire la famille et les amis de Rochebrune mort glorieusement à Montretout pour le salut de son pays, eux, au contraire, imaginent les plus sanglantes aventures pour précipiter la France dans un abîme où elle a déja un pied.

Pour mieux réussir dans une entreprise qui n'a pu naître que dans des cerveaux entâchés de félonie, ils commencent par décréter la délivrance de Flourens, le triste héros des journées des 8 et 31 octobre, lequel est détenu à Mazas comme prévenu d'excitation à la guerre civile, et en effet, dans la nuit du 20 au 21 janvier, ils forcent les portes de la prison de Mazas, et rendent à la liberté le citoyen Flourens qui, ne perdant pas de temps dans l'infernale exécution de ses projets, se met aussitôt à la tête de son bataillon, parcourt les boulevards extérieurs, invite le peuple de Charonne et de Belleville à la révolte, comme si le moment eût été patriotiquement choisi. Flourens arriva ainsi avec ses hommes à la mairie de Belleville, au foyer même de l'insurrection ; il veut s'en emparer et y installer son administration fantastique,

Loin de procéder par voie d'économie, comme toute bonne administration doit le faire, le citoyen Flourens, aussitôt établi à la mairie, trouve moyen d'enlever 2,000 rations de pain ; et par le temps qui court, cet aliment a la valeur de l'or. Ainsi qu'on le pense, cet acte inhumain d'un chef de parti qui prétend combattre pour les trois symboles du drapeau républicain, Liberté, Égalité, FRATERNITÉ, cet acte inique, répétons-le, place la Commission municipale dans le plus cruel embarras. L'intendance elle-même, dont le fonctionnement laisse tant à désirer depuis les premiers jours de la guerre, est presque impuissante à réparer le mal causé par un homme *intelligent et instruit*, mais demi-dieu de la Commune, titre comme nob'esse oblige, hélas ! !...

Néanmoins, l'Hôtel-de-ville déclare qu'il est disposé à pourvoir aux rations *supprimées* .

Cette sinistre escapade d'un insensé n'est que le prélude, le premier acte, pour ainsi dire, d'un mélodrame qui va se jouer sur la place de l'Hôtel-de-ville. Dès que le grelot de la folie est attaché, il ne s'agit plus que de l'agiter fortement et ces messieurs les insurgés qui demandent d'une voix avinée la Commune, le rappel des grands principes de 89, la Révolution, le renversement de toutes les sociétés reconnues bonnes, même en présence de l'ennemi vautour, ont une assez vigoureuse poigne pour donner au tocsin d'alarme le branle le plus terrible.

Le dimanche, 22 janvier, à trois heures, trois cents émeutiers débouchent rue de Rivoli et se placent sur la gauche de l'Hôtel-de-ville. Ils défilent bientôt en colonnes devant le monument, et, après avoir mis des cartouches dans leur fusil et s'être déployés en tirailleurs, ils épaulent leur arme. Aussitôt la grande porte de l'Hôtel-de-ville s'ouvre et l'on voit apparaître dix gardes mobiles bretons qui épaulent aussi leur fusil sans tirer. La peur s'empare alors des curieux qui ne cessaient de se former depuis deux jours aux abords de l'Hôtel. Bien que dispersés par l'apparition d'une faible fraction de mobiles bretons qui ont la délicate et périlleuse mission de garder la Préfecture de la Seine, les agitateurs se concentrent et font entendre les cris de Vive la Commune !.. à bas Trochu !... c'est un traître ! un jésuite !.. Vive la République ! Un officier de la garde nationale, aux allures modérées, essaie alors de faire entendre le langage de la raison à ces energumènes costumés et armés, il leur donne le conseil de se séparer simplement aux cris de : Vive la Commune ! Vive la République ! et d'éviter ainsi peut-être l'effusion du sang.

Mais cet homme relativement pacifique avait à peine terminé sa harangue qu'une bande de 150 hommes arrive des hauteurs escarpées de Belleville ; elle paraît avoir des intentions hostiles ; en effet, arrivée sur la place, elle tâche de briser la grille qui ferme l'entrée de l'Hôtel-de-Ville ; mais leurs efforts sont vains, car toutes les précautions ont été prises ; cependant ils veulent parlementer avec les officiers qui commandent les forces militaires réunies dans l'intérieur du monument. Mais, malheureusement, un des émeutiers qui paraît ignorer cette loi de la guerre qui enjoint de cesser le feu dès que l'on parlemente, lâche la détente de son fusil et le coup part. Aussitôt toutes les fenêtres de l'Hôtel de-Ville s'ouvrent comme par enchantement et se garnissent de mobiles qui tirent à toute volée sur les insurgés. Ceux-ci se voyant ainsi exposés à une fusillade qui dure à peu près une heure, se replient dans les quartiers avoisinants. Mais, peu à peu, la lutte devenant inégale, cesse Déjà, ce cri est parti des rangs insurrectionnels : Ne tirez plus. Bientôt alors des employés d'ambulance viennent ramasser les morts et les blessés qui se chiffrent par une centaine et parmi lesquels figurent le commandant Sapia.

Cette fois encore, l'insurrection est refoulée avec pertes et les prétentions de la Commune sont reculées aux calendes grecques. Ils ne proclameront pas au moins aujourd'hui leur gouvernement de désordre, et les hommes de la Défense nationale sont résolus à poursuivre suivant les rigueurs des lois ces anarchistes enragés et trop persévérants.

Pendant que s'accomplit cette fugue d'émeutiers sur mesure, les boulevards regorgent de promeneurs comme aux beaux jours. Dans ce quartier mondain, le rendezvous habituel des gens d'esprit, on paraît se préoccuper bien peu de ce qui se passe dans ce coin de l'Hôtel de-Ville où tous les vingt ans, nos pétulants démagogues dansent la carmagnole des incompris et des ambitieux sans talent. Les boutiques sont fermées, il est vrai, mais c'est le jour de réception du Seigneur et, du reste, la victoire de l'ordre sur l'anarchie est tellement certaine, que personne ne s'émeut en songeant au lendemain. La sécurité renaît bientôt et à partir de ce jour désormais célèbre, les abords de l'Hôtel-de-Ville sont occupés par des forces considérables. La garde nationale de l'ordre et la garde républicaine appuient ce mouvement patriotique. A la suite de cette *sortie* purement démagogique, les hommes du 4 septembre font afficher la proclamation suivante :

— Citoyens, un crime odieux vient d'être commis contre la Patrie et la République.

Il est l'œuvre d'un petit nombre d'hommes qui servent la cause de l'étranger.

Pendant que l'ennemi nous bombarde, ils ont fait couler le sang de la garde nationale et de l'armée sur lesquelles ils ont tiré.

Que ce sang retombe sur ceux qui le répandent pour satisfaire leurs criminelles passions.

Le Gouvernement a le mandat de maintenir l'ordre, l'une de nos principales forces devant la Prusse.

C'est la cité entière qui réclame la répression sévère de cet attentat audacieux et la ferme exécution des lois.

Le Gouvernement ne faillira pas à son devoir.

Paris, 22 janvier 1871.

Les Membres de la Défense nationale.

Opérations militaires. — Dépêches de Province. — Rumeurs inquiétantes. l'Armistice.

Les opérations militaires ne continuent plus leur cours. Le bombardement devient plus lent. Vaugirard et Grenelle éprouvent seuls, à ce moment, la violence du tir de l'ennemi. Néanmoins, l'activité de l'armée assiégeante se remarque sur différents points de la ligne d'investissement. De nouvelles batteries sont installées en arrière de la gorge de Montretout, comme si l'ennemi voulait augmenter ses moyens de défense contre un nouveau retour offensif sur le terrain où s'est produit l'engagement du 19 janvier.

Un peu avant cette époque, le général Vinoy est placé par le gouvernement de la Défense nationale à la tête de l'armée de Paris. Il déclare, dans une proclamation qui ne manque pas d'énergie, que refuser le périlleux honneur du commandement dans une semblable circonstance, serait ne pas répondre à la confiance qu'on a mise en lui. « Je suis soldat, dit-il, et ne sait pas reculer devant les dangers que peut entraîner cette grande responsabilité. » A l'intérieur, continue le général Vinoy, « le parti du désordre s'agite et cependant le canon gronde. Je veux être soldat jusqu'au bout, j'accepte ce danger, bien convaincu que le concours des bons citoyens, celui de l'armée et de la garde nationale ne me feront pas défaut pour le maintien de l'ordre et du salut commun. »

La démission du général Trochu devient donc certaine ; bien qu'il ait déclaré solennellement que le gouverneur de Paris ne capitulera pas, il se retire et laisse au général Vinoy le commandement en chef de l'armée de Paris. Néanmoins, le général Trochu conserve la présidence du Gouvernement.

A mesure que le tir de l'ennemi se ralentit sur divers points de l'enceinte, des bruits assez alarmants circulent dans Paris. On apprend que l'armée de Chanzy a été défaite et a dû opérer sa retraite vers le Mans. A la suite de cette affaire, ajoute-on, l'armée de l'ouest non-seulement aurait été rejetée au-delà de la Mayenne, mais encore les Prussiens auraient occupé Laval Les dépêches arrivées de province annoncent aussi la défaite de Faidherbe à St Quentin et la débandade de l'armée de Bourbaki qui aurait été obligé de se réfugier en Suisse avec ses soldats. Peu à peu, ces nouvelles prennent de la consistance, leur authenticité devient bientôt évidente, et ces évènements malheureux survenus coup sur coup, accusent nettement une situation assez grave qui devient intolérable pour l'armée de Paris, dernière sentinelle avancée du devoir et du patriotisme.

Le départ de Jules Favre à Versailles fait pressentir que des négociations d'armistice vont s'entamer au quartier-général allemand. En effet, l'organe officiel publie la note suivante que l'opinion publique paraît prévoir :

— Tant que le Gouvernement a pu compter sur l'arrivée d'une armée de secours, il était de son devoir de ne rien négliger pour prolonger la défense de Paris.

En ce moment, quoique nos armées soient encore debout, les chances de la guerre les ont refoulées, l'une sous les murs de Lille, l'autre au-dela de Laval, la 3e opère encore sur les frontières de l'est. Nous avons perdu dès lors tout espoir qu'elles puissent se rapprocher de nous, et l'état de nos subsistances ne nous permet plus d'attendre.

Dans cette situation, le Gouvernement avait le devoir absolu de négocier. Les negociations ont lieu en ce moment. Tout le monde comprendra que nous ne pouvons en indiquer les détails sans de graves inconvénients Nous espérons pouvoir les publier demain Nous pouvons cependant, dès aujourd'hui, dire que le principe de la souveraineté nationale sera sauvegardée par la réunion immédiate d'une assemblée élue par le pays ; que l'armistice a pour but la convocation d'un assemblée ; que, pendant cet armistice, l'armée allemande occupera les forts, mais n'entrera pas dans l'enceinte de Paris ; que nous conserverons notre garde nationale intacte et une division de l'armée, et qu'aucun de nos soldats ne sera emmené hors du territoire.

Après la lecture de cette note, la population parisienne, remplie d'une douleur patriotique, comprend avec tristesse que l'armistice, c'est la capitulation de Paris, et rien de plus, et elle s'en émeut. Elle ne comptait pas sur un tel deshonneur. La proclamation suivante émanant des membres de la Défense nationale vient, en effet, confirmer ses craintes : Paris s'est rendu ! Le siége de Paris touche à sa fin déplorable ! C'est un fait désormais accompli et la déclaration officielle que l'on va lire, est l'acte suprême et navrant, qui clòt cette période douloureuse du siége qui s'étend du 18 septembre 1870 au 28 janvier 1871. La voici Elle marque la fin de nos souffrances, il est vrai, mais elle n'affaiblit point notre vaillance et notre abnégation dans les cuisantes épreuves qu'ont amenées les événements qui se sont écoulés. La population parisienne se souviendra de ces maux terribles, et si un jour on n'ose encore la taxer de légèreté et d'insouciance, elle redira, à la manière d'un poète célèbre, « je jure que tel jour, je souffris pour la patrie ! »

Donnons maintenant la déclaration officielle du gouvernement, au moment de conclure les conventions de l'armistice :

Citoyens,

La convention qui met fin à la résistance de Paris n'est pas encore signée, mais ce n'est qu'un retard de quelques heures.

Les bases en demeurent fixées telles que nous les avons annoncées hier :

L'ennemi n'entrera pas dans l'enceinte de Paris ;

La garde nationale conservera son organisation et ses armes ;

Une division de douze mille hommes demeure intacte ; quant aux autres troupes, elles resteront dans Paris, au milieu de nous, au lieu d'être, comme on l'avait d'abord proposé, cantonnées dans la banlieue. Les officiers garderont leur épée.

Nous publierons les articles de la convention aussitôt que les signatures auront été échangées, et nous ferons en même temps connaître l'état exact de nos subsistances.

Paris veut être sûr que la résistance a duré jusqu'aux dernières limites du possible. Les chiffres que nous donnerons en seront la preuve irréfragable, et nous mettrons qui que ce soit au défi de les contester.

Nous montrerons qu'il nous reste tout juste assez de pain pour attendre le ravitaillement et que nous ne pouvions prolonger la lutte sans condamner à une mort certaine deux millions d'hommes, de femmes et d'enfants.

Le siége de Paris a duré quatre mois et douze jours ; le bombardement un mois entier. Depuis le 15 janvier la ration de pain est réduite à 300 grammes ; la ration de viande de cheval, depuis le 15 décembre, n'est que de 30 grammes. La mortalité a plus que triplé. Au milieu de tant de désastres, il n'y a pas eu un seul jour de découragement.

L'ennemi est le premier à rendre hommage à l'énergie morale et au courage dont la population parisienne tout entière vient de donner l'exemple. Paris a beaucoup souffert ; mais la République profitera de ses longues souffrances si noblement supportées Nous sortons de la lutte qui finit retrempés pour la lutte à venir. Nous en sortons avec tout notre honneur, avec toutes nos espérances, malgré les douleurs de l'heure présente ; plus que jamais nous avons foi dans les destinées de la patrie.

Paris, 28 janvier 1871.

Les membres du Gouvernement :

Général Trochu, Jules Favre, Emmanuel Arago, Jules Ferry, Garnier-Pagès, Eugène Pelletan, Ernest Picard, Jules Simon ; Le Flô, ministre de la guerre ; Dorian, ministre des travaux publics ; Magnin, ministre de l'agriculture et du commerce.

Après cette proclamation, le journal officiel publie le texte de la convention d'armistice rédigé par le comte de Bismark et Jules Favre.

On le connaît, inutile de le rappeler ici. Donc, désormais les lignes si longtemps fermées et entourées d'un cercle de fer et de feu sont ouvertes ; le ravitaillement s'opère avec toute la célérité désirable et chacun s'empresse, au moyen d'un *laissez-passer* en règle, libellé en langue franco-allemande, de courir en province embrasser un parent ou un ami que la mort implacable a peut être déjà enlevé de ce monde :

A partir du 28 janvier, date officielle, le siége de Paris est terminé et les communications postales ou autres deviennent à peu près libres. On respire alors à pleins poumons l'air de la liberté, mais au fond de l'âme, on déplore nos ruines et nos revers. On se console, il est vrai, en se préparant à élire une assemble nationale capable de ramener la prospérité et la fortune.

Néanmoins notre supplice a vécu et nous renaissons : c'est la délivrance ! c'est la patrie qui nous est rendue ! c'est enfin le dernier jour du siége !

Ici s'arrête notre tâche, chers lecteurs, qui a été, pour nous, pleine de douces illusions ; cependant, il nous reste encore quelques mots à dire sur les événements qui suivirent.

Après avoir terminé le poignant récit des péripéties de cette scène horrible qui s'est déroulée dans Paris assiégé, nous aurions voulu baisser la toile et nous recueillir quelque temps dans le calme ; mais, oubliant dans notre malheur, qu'un drame dont le prologue a eu pour théâtre Frœschviller, Reischoffen et Sedan, doit avoir forcément son épilogue, nous sommes contraint, par la fatalité des évènements, de consigner ici le terrible, l'infernal mouvement insurrectionnel qui a fait suite aux désastres que notre infortunée Patrie avait déjà pourtant subis dans le court espace de 5 mois. Ce crime révolutionnaire devant se lier malheureusement au siége de Paris qui fut témoin, à trois reprises différentes, des tentatives odieuses du parti de la Commune, le 8 octobre, le 31 du même mois et le 22 janvier, nous avons tenu à en parler un instant afin d'avoir une occasion de plus de flétrir les infâmes gueux qui n'ont pas hésité, sous les yeux mêmes de l'étranger, de ruiner leur pays, témoignant ainsi de leur lâche ingratitude envers une nation qui les avait vus naître et les avait abrités dans son sein meurtri. Comme il faut à tout jamais rechercher la seule et véritable cause de nos défaites et de nos malheurs dans ce parti ultra démagogique, qui a sans cesse essayé de semer la division dans un gouvernement régulièrement issu du suffrage universel, il est bon de rejeter sur eux, non-seulement la responsabilité des fautes commises par des hommes remplis cependant de bonne volonté et animés du plus ardent patriotisme, mais aussi la série des massacres, des crimes, des pillages et des incendies qui ont failli compromettre l'honneur et la fortune de la France.

L'armistice étant signé, les préliminaires de paix étant presque signés et tout espoir de vaincre ayant disparu, que devait faire la garde nationale ? Obéir évidemment à l'ordre du gouvernement qui l'invitait à restituer à l'État des armes dont elle n'avait plus besoin, puisque les hostilités avaient cessé. Mais, au lieu de se rendre aux avis légitimes des gouvernants, la garde nationale se montra furieusement rebelle aux injonctions que l'État pour ainsi dire leur adressait ; de là conflit que les chefs du parti radical exploitèrent pour le plus grand profit de leur ambition et de leur vanité froissées. Ceux-ci excitèrent alors les citoyens les uns contre les autres ; ils travaillèrent l'esprit des masses déjà disposées à se coaliser pour la guerre civile ; ils cherchèrent à exercer une influence funeste sur les démocrates modérés ; ils organisèrent des clubs, créèrent des comités, ces comités se fusionnèrent en un seul : le comité central, qui devint une véritable puissance au sein de l'Etat, et un foyer très dangereux d'insurrection *à main armée*. Aussi, lorsque le 18 mars, le gouvernement légitime, le seul que la France en deuil s'était donné, résolut de se rendre maître des canons et des armes qui étaient la propriété de la nation qu'il représentait, et dont s'étaient emparé quelques milliers d'agitateurs dans un but criminel, ce gouvernement se trouva en présence d'une bande de forcenés qui, foulant aux pieds le respect des lois, s'insurgèrent contre les amis de l'ordre, désarmèrent nos soldats chargés de la défense de nos intérêts et de notre gloire, assassinèrent deux généraux illustres, et finalement chassèrent de la capitale des hommes en qui, pourtant, ils avaient placé autrefois leur confiance en les acclamant députés et adversaires redoutables de l'Empire, croyant faire ainsi une niche au souverain de cette dynastie.

L'insurrection, comme on le sait, triompha ; les demi-dieux de la démagogie montèrent au Capitole ayant à leur suite leurs moutons de Panurge et la légalité dut chercher un abri dans des contrées plus pacifiques et plus saines. Paris tomba au pouvoir des factieux, et pendant que, dans cette ville, la Commune se faisait détester par des actes arbitraires et une administration tyrannique sous l'odieuse impulsion des Félix Pyat, des Raoul Rigaut, des Ferré, des Cluseret, des Paschal Grousset, des Jules Vallès, des Rossel, il se formait lentement, méthodiquement, sérieusement, à cinq lieues de l'Hôtel-de-Ville, rendez vous habituel de la gangrène sociale en temps de révolution, une admirable et patriotique armée qui, par des prodiges de valeur et de stratégie militaire, s'empara, dans l'espace de six semaines, de tous les forts du sud, Issy, Montrouge, Vanves, Ivry, Bicêtre, etc..., tombés au pouvoir des fédérés, grâce à une puissante artillerie. Peu après, cette brillante armée rentrait dans la capitale du monde civilisé avec le concours d'un homme énergique et brave, le célèbre Ducatel, et elle écrasait, après sept jours de luttes, tout ce que l'anarchie avait semé de têtes ignobles sur sa route maudite.

Aujourd'hui, l'ordre a succédé aux entraînements terribles d'une guerre civile ; le crédit et la confiance ont reparu dans toutes les parties de notre pays. Un homme d'Etat d'un génie incontesté a présidé aux premiers pas de la France convalescente ; un guerrier illustre a porté le dernier coup de massue aux partisans de la Révolution qui, seuls, ont pu, répétons-le sans cesse, par leurs intrigues criminelles, amonceler sur nos têtes ces orages foudroyants qui menacent, tous les vingt ans, d'anéantir la société des honnêtes gens, la civilisation humaine et le progrès de l'industrie. Nous revenons donc aux beaux jours de la prospérité nationale, et s'il nous arrive parfois d'apercevoir quelque point noir à l'horizon politique, ne nous en effrayons pas trop, car le coup mortel a été donné aux factieux incendiaires et félons. — Néanmoins, au souvenir des maux que nous avons endurés pendant deux longs siéges, rappelons-nous ces paroles d'un grand poëte :

L'homme est un apprenti, la douleur est son maître,
Et nul ne se connaît, tant qu'il n'a pas souffert
C'est une dure loi, mais une loi suprême,
Vieille comme le monde et la fatalité,
Qu'il nous faut du malheur recevoir le baptême,
Et qu'à ce triste prix tout doit être acheté.

Méditons souvent cette belle vérité, et nous deviendrons assurément dans l'avenir moins légers et plus philosophes.

Auguste MAMELIN.

Extrait du Journal "*la Colonne*".

Boulogne. — Imprimerie H. DELAHODDE.

www.ingramcontent.com/pod-product-compliance
Ingram Content Group UK Ltd.
Pitfield, Milton Keynes, MK11 3LW, UK
UKHW020254250726
13967UKWH00004B/1686